Friedrich-Wilhelm Haack

JEHOVAS ZEUGEN

11. neu überarbeitete Auflage, März 1981, 78.—83. Tausend
Verlag: Evangelischer Presseverband für Bayern, 8000 München 19
Abteilung: Schriftenmission
Alle Rechte, auch die des auszugsweisen Nachdrucks,
der photomechanischen Wiedergabe und der Übersetzung, vorbehalten.
Druck: Claudius Verlag München

ISBN 3-583-50608-1

INHALT

Vorwort

Jehovas Zeugen sind die bekannteste der landläufig als „Sekten" bezeichneten religiösen Gruppierungen. Ihr öffentliches Auftreten zieht bewundernde Zustimmung für den „idealistischen Einsatz" und harte Kritik wegen ihres „starren Fanatismus" auf sich.

Es sind nicht mehr die „Ernsten Bibelforscher" von einstmals, die da an unsere Tür klopfen. Religiöse Gemeinschaften wandeln sich in ihrer Geschichte, wie auch ein Mensch sich auf seinem Lebensgang verändert.

Inzwischen scheint diese Gruppe auch Eingang in den Mittelstand gefunden zu haben, obwohl sie lange Zeit eine „Unterklassengemeinschaft" gewesen ist. Vermutlich hat ihr der straff durchgehaltene Autoritätsglaube geholfen, diesen Weg zu finden. Sollten die christlichen Kirchen die Autorität Gottes und der Bibel zu wenig klar herausstellen, wird die Gemeinschaft der Jehovas Zeugen zunehmen, und zwar durch Übertritte aus der bürgerlichen Mittelschicht, die auch für die Kirchen eine besondere Bedeutung hat.

Auf der anderen Seite führt die Leitung von Jehovas Zeugen einen immer schärferen Kampf gegen die Kirchen. Ein Zeuge Jehovas, der in einer Heizungsfirma beschäftigt ist, die sich auf Pfarrhaus- und Kirchenheizungen spezialisiert hat, kann z. B. seinen Arbeitsplatz kaum beibehalten. Er verstößt damit gegen den Zeugen-Jehovas-Grundsatz „Ziehet aus aus dem falschen System". In einer Tabakfabrik darf er auch nicht arbeiten. Das JZ-System der konsequenten Feindbilder funktioniert und hilft den Brooklyner Führern zu regieren.

In neuerer Zeit werben Jehovas Zeugen verstärkt mit der sogenannten Angst-Methode, beispielsweise den Hinweisen auf die Zunahme von Gewalttaten und anderen Verbrechen. „Mission" dieser Art muß als geistige Klimavergiftung scharf abgelehnt werden.

„Da ist ma immer ganz hilflos. Steh'n vor der Tür am Sonntagfrüh wenn de deine Ruhe habn willst nach ne ganze Woche nischt wie Arbeit, und redn und redn, immer von de Bibel und von Jesus, immer wieder, schlimmer wie'n Pastor. Da kapierste nischt von, wenn die mal loslegn. Kaufstn halt was ab oder hauste Tür zu, daste Ruhe hast. Egalwelch predichn, macht'n stärkstn Mann kaputt. Ich weeß nischt von die Sachn, war schon immer Protestant und willet auch bleibn . . .

Nee in die Kirche geh ich nicht, nurmal wie Weihnachten vor zwei Jahre wechn die Kleine. Hatn Engelchen gemacht so vor alle die Leute, schön waret. Protestant bleibe ich schon wechn die Kinder. Für die isset gut. Aber mit die hier (gemeint sind Jehovas Zeugen) willich nischt zu tun habn.“ (Aus einem Gedächtnisprotokoll nach einer Straßendiskussion mit zwei Zeugen Jehovas und Umstehenden.)

Was dieser etwa 45jährige Arbeiter sagte, wurde von den übrigen Dabeistehenden mit großem Beifall bedacht. Man war seiner Meinung. Anscheinend in allen Punkten. Die beiden Zeugen Jehovas gingen in der Zwischenzeit unbemerkt und still davon. Erst nach längerer Zeit löste sich der Kreis auf, nachdem ein junger Mann noch „aus Toleranzgründen“ für Jehovas Zeugen eingetreten war und ein paar Pluspunkte für die Bemerkung „Die tun wenigstens was für ihren Glauben“ gesammelt hatte.

Allerdings zeigte sich bei dieser Straßendiskussion ziemlich deutlich:

a) Jehovas Zeugen haben kaum eine Chance (wenn auch nicht aus Glaubensgründen);

b) die Argumente von Jehovas Zeugen werden gar nicht angehört, aber man weiß auch keine richtigen Gegenargumente;

c) ihren Einsatz findet man imponierend, würde aber selber kaum etwas Ähnliches tun;

d) man ist schließlich doch für seine Kirche, ohne richtig ausdrükken zu können, was einen mit ihr verbindet;

e) ,,Egalwelch predichn" fällt auf die Nerven, weil man schon genug um die Ohren hat und Ruhe haben will.

Das muß man sich einmal richtig klar machen: Die Sekten (wie Jehovas Zeugen) haben alle kaum echte Gelegenheit, mit ihrer Straßen- oder Haustürpredigt anzukommen. Gegen eine Kirche, die im allgemeinen Bewußtsein noch wirklich als Kirche in Erinnerung ist (gegen eine Volkskirche also) und zu der man zugehören kann und die man irgendwie gern hat, kann auch die fleißigste und einsatzfreudigste Sekte nichts ausrichten. Selbst dann nicht, wenn man nicht sagen kann, warum man in der Kirche ist und sie für gut hält. Wenn Kirche ,,richtig Kirche bleibt", ist das der beste Schutz gegen die Sekten.

Der Begriff ,,Sekte" soll und darf hier unbefangen gebraucht werden. Es ist unklar, welche sprachliche Herkunft dieses Wort hat. Es kann vom lateinischen ,,secare" (abtrennen) oder vom lateinischen ,,sequi" (jemandem, einem religiösen Führer etwa, folgen) stammen. Mit dem Begriff Sekte ist nichts über die Größenordnung gesagt. Man müßte sonst die evangelische Kirche oder die römisch-katholische überall da zur Sekte erklären, wo die andere Konfession größer ist. In dieser Schrift soll der Begriff Sekte auf alle jene Gemeinschaften (hier vornehmlich Jehovas Zeugen) angewendet werden, die gegen die Kirchen der ,,altkirchlichen Bekenntnisse" (Apostolisches Glaubensbekenntnis, Nizänum und Athanasianum) Mission machen, und dabei die Behauptung aufstellen, sie hätten ,,ein besseres oder vollständigeres Wissen über die Person, die Botschaft oder den Weg Jesu von Nazareth". So betrachtet verliert das Wort ,,Sekte" den Beigeschmack einer Beschimpfung.
Wenn allerdings die Zeugen Jehovas oder eine andere Gemeinschaft die Kirchen als Sekten bezeichnen, so muß man sich dieses wohl auch gefallen lassen, ohne darüber in Wut zu geraten.

Nun sind viele der Meinung, daß es ,,so einfach wirklich nicht geht", daß Kirche bloß ,,Kirche bleiben" müsse, um Schutz gegen Sektiererei zu bieten.

In Wirklichkeit ist das alles andere als „einfach". Eine solche Kirche muß nämlich auch die Kraft haben, Gemüt und Seele zu binden und festzuhalten, und nicht nur den Verstand. So merkwürdig es klingen mag: Es ist leichter, den Verstand zufrieden zu stellen, als Seele und Gemüt. Damit ist nun nicht etwa gemeint, daß Seele und Gemüt nicht leicht oberflächlich betäubt werden könnten. Jede einigermaßen gute Musik kann das, und die Volksverführer aller Diktaturen haben darin großes Geschick. Straßensprechchöre können ebensosehr den Verstand ausschalten, wie Drogen oder Werbespots im Fernsehen. Das Spiel mit dem Unterbewußtsein gehört zu den gefährlichsten Errungenschaften unserer Zeit. Glücklicherweise hat es seine Grenzen. Denn wo der Mensch nicht zum willenlosen Sklaven gemacht werden soll (was möglich ist), meldet sich nach einer gewissen Zeit der Gefühlsübersättigung der Verstand und verlangt sein Recht. Dann melden sich auch Seele und Gemüt; denn wo der Verstand betäubt worden ist, dort sind Seele und Gemüt ebenfalls in eine Art Betäubungszustand versetzt worden.

Wenn hier also davon die Rede ist, daß Kirche die Kraft haben soll, Gemüt und Seele zu binden und festzuhalten, dann soll das nicht heißen, daß der Verstand betäubt werden darf. „Lernen", „verstehen" und „erkennen" sind wichtige Begriffe in der Bibel und also auch im christlichen Glauben.

Häufig ist es so, daß eine übergroße Aktivität anzeigt, daß zwar der Verstand befriedigt zu sein scheint, Seele und Gemüt aber unruhig sind. Ein solcher Unbefriedigter zeigt seinen inneren Unfrieden vielleicht darin, daß er versucht, durch ständige Missionsarbeit, durch andauernden Einsatz für seinen verstandesmäßig für ihn einsichtigen Glauben, Seele und Gemüt zufriedenzustellen oder zu übertönen. Übergroßer Einsatz, den wir bei manchen Sekten so oft bewundern, könnte ein Warnzeichen dafür sein, daß im Verstandes- und Seelenhaushalt des Betreffenden irgend etwas nicht stimmt.

Nervöse Menschen sind ebenfalls häufig überaus betriebsam.

Glauben

Wenn in diesem Heft von „Glauben" die Rede ist, dann ist damit der Glaube *an* Gott, *an* Jesus Christus gemeint.

Im landläufigen Gebrauch ist „Glauben" oft gleichbedeutend mit „Nichtwissen".

Das liegt daran, daß es in der deutschen Sprache einen Doppelgebrauch der Worte „glauben, Glauben" gibt. Einmal handelt es sich um ein Vermutungswort, wenn wir sagen „ich glaube, *daß* morgen schönes Wetter ist" (ich weiß es nicht, vermute es aber). Anderseits sagen wir „Ich glaube *an* meinen Freund, *an* meinen Ehegatten, *an* Gott". Dann meinen wir, daß wir uns auf diese Menschen oder auf Gott ganz fest verlassen können. In diesem Falle ist „glauben, Glaube" noch mehr als „Wissen, wissen". Nicht immer kann man sich auch auf das verlassen, was man „weiß". Es gibt zum Beispiel Menschen, die wissen, daß ein Flugzeug fliegt und sie schneller an einen anderen Ort bringen kann, als etwa Auto oder Bahn. Trotzdem benutzen sie kein Flugzeug, weil ihnen Berichte über Unfälle den Glauben *an* das Fliegen genommen haben. (Dabei wissen sie auch, daß es ebensohäufig Autounfälle oder Eisenbahnunglücke gibt.)

Wenn im Zusammenhang mit einer Religion von „glauben, Glaube" die Rede ist, dann ist damit allermeist das feste Vertrauen, nicht aber die Vermutung gemeint.

Der „treue und verständige Sklave" und seine Mitgenossen

Größe, Verbreitungsgebiet und Geschichte sind nicht das Wichtigste bei der Betrachtung einer Religionsgemeinschaft. Es gibt ganz kleine Kreise mit starker Ausstrahlung auf ihre Umwelt. Die Theosophische Bewegung kann als Beispiel dafür gelten. Dagegen hat die Neuapostolische Kirche in der Bundesrepublik fast eine halbe Million Mitglieder (mancherorts mehr als sämtliche Freikirchen zusammen) ohne daß sie derzeit irgendwo groß ins Gewicht fiele oder außerhalb ihrer eigenen Reihen Veränderungen hervorrufen würde.

Wichtiger sind in jedem Falle die Botschaft einer Glaubensgemeinschaft, ihre sozialen Auswirkungen und Dienste sowie Einwirkung auf das Leben ihrer Mitglieder. Mit anderen Worten: Lehre, Diakonie und Leben.

Bei Jehovas Zeugen fehlt beispielsweise jede Form nach außen wirkender Diakonie. Altersheime, Krankenfürsorge und andere soziale Dienste gibt es nicht. Das Argument der Sekte lautet: „Jesus hat auch nur gepredigt". In der Predigt sei auch der diakonische Dienst inbegriffen. Selbst bei flüchtiger Durchsicht des Neuen Testamentes erweist sich diese Darstellung als unbiblisch.

Es muß jedoch gesagt werden, daß auch Jehovas Zeugen wie fast jede andere Minderheitengemeinschaft sich untereinander in schwierigen Situationen beistehen und für die Glaubensgeschwister sorgen. Es scheint jedoch so, als würde auch für diese Dienste das Engagement des Hilfesuchenden für seine Glaubensgemeinschaft in Betracht gezogen werden. Inaktive Mitglieder werden von der Versammlung vor allem dann nicht mehr betreut, wenn sie den Aufforderungen der Gruppe zu besserem Dienst keine Folge geleistet hatten.

In den Fragen der Lehre ist bei Jehovas Zeugen festzustellen, daß diese sich seit den Anfängen der Glaubensbewegung in der zweiten Hälfte des vorigen Jahrhunderts in vielen Stücken stark verändert hat. So merkwürdig es klingen mag: Bei Jehovas Zeugen, die immer so stark auf den richtigen Glauben und die richtige Gottesverehrung pochen, ist in fast jedem Jahrzehnt dieses Jahrhunderts eine alte Lehre verändert oder abgeschafft und eine neue Lehre eingeführt worden.

Würde der Gründer Charles Taze Russell (1852–1916) heute bei Jehovas Zeugen Mitglied werden wollen, so dürfte er fast nichts mehr von dem glauben und lehren, was er in seinen Büchern und Traktaten geschrieben hat. Täte er das dennoch, dann bekäme er von der Versammlung oder vom Präsidium „Gemeinschaftsentzug". Russell verwendete in seinen Schriften beispielsweise das Kreuz, das von Jehovas Zeugen heute abgelehnt wird; er hatte in seinen Anhängerkreisen eine Art demokratischer Verfassung, der gegenüber man heute auf die „theokratische Leitung" pocht, und er berechnete die Endzeit vollkommen anders, als dies heute von der Sekte getan wird.

So ist im Gegensatz zu anderslautenden Behauptungen festzustellen, daß die jeweiligen Lehraussagen der Gemeinschaft für die Betrachtung und Auseinandersetzung mit der Sekte erst in zweiter Linie wichtig sind. (Vergleiche das Kapitel ,,Neue Erkenntnisse".) Wie das ,,Leben im Glauben" für die Anhänger der ,,Wachtturm-Bibel- und Traktatgesellschaft" aussieht, werden die folgenden Abschnitte zeigen.

Predigen und Jüngermachen

Von zwei Begriffen ist die Gemeinschaft fasziniert und bestimmt: Predigen und Jüngermachen.

Alles, was ein Zeuge Jehovas tut, ob er nun mit dem ,,Wachtturm" (Auflage 16/1977: 10.400.000) und ,,Erwachet" (Auflage 16/1977: 10.125.000)* am Straßenrand oder am Bahnhof steht, ob er von Haus zu Haus wandert, ob er seine Versammlung besucht oder ein Bibelstudium abhält − es dient dem Predigen und Jüngermachen. Das habe Jehova vor 1900 Jahren befohlen, diesem Dienst hätten sich Jesus und die Apostel gewidmet, ihn zu tun sei einziges Sinnen und Trachten der Urkirche gewesen. Selbst Noah und die Propheten hätten diesen Dienst geleistet.

,,Noch bevor Jesus in den Himmel zurückkehrte, zeigte er, wie dieses Werk des Predigens und Jüngermachens in der ganzen Welt durchgeführt werden sollte", heißt es in dem nur für die Zeugen bestimmten Buch ,,Organisation zum Predigen des Königreiches und zum Jüngermachen" (Wiesbaden 1972).

Auf dieses Gebot beruft sich die Organisation, wenn sie sich ausschließlich diesem Dienst widmet und die Diakonie hintenanstellt. Von diesem Auftrag leitet die ,,sichtbare leitende Körperschaft" der Zeugen Jehovas in Brooklyn ihre Autorität ab, wenn sie ihre Ver-

---

* Auflagenhöhe rückläufig. Als ,,durchschnittliche Auflage" angegeben: WT 7/1979 9.200.000; EW 7/1979 8.300.000; WT 19/1980 8.750.000; EW 18/1980 7.650.000.

kündiger zu immer neuem Dienst anspornt. „Wer sind diejenigen, die tatsächlich zeigen, daß sie Jesus Christus als ihrem Haupt untertan sind, indem sie das tun, was er gebot, nämlich die gute Botschaft vom Königreich zu predigen, aus Menschen aller Nationen Jünger zu machen und untereinander so zu lieben, wie er sie liebte? (Joh. 13:34,35). Du weißt die Antwort. Es ist die aus gesalbten Christen bestehende Klasse des treuen und ‚verständigen Sklaven‘, zu der der vortreffliche Hirte, Jesus Christus, jetzt die große Volksmenge anderer Schafe versammelt. – Joh. 10:16." (Organisation S. 11).

Alles im Leben eines Zeugen Jehovas muß sich diesem Dienst des Predigens und Jüngermachens unterordnen. Das Familienleben, die Freizeitgestaltung und vor allem der Stil der Versammlungen.

Gottesdienste, wie wir sie aus den großen Kirchen und vielen anderen Glaubens- und Religionsgemeinschaften kennen, gibt es bei Jehovas Zeugen nicht. Wohl kennen Jehovas Zeugen Lieder sowie Gebete, und Predigten begleiten das tägliche Glaubensleben eines jeden Verkündigers – aber: „daß man zuhaufe komme, Gottes Wort zu hören und handeln (behandeln), darnach Gott loben, singen und beten", wie es Dr. Martin Luther im Großen Katechismus sagt (zum 3. Gebot), ist für eine Versammlung von Jehovas Zeugen kaum denkbar. Für die Verkündiger von Jehovas Zeugen ist jede Versammlungszusammenkunft Predigtdienstschulung.

Jehovas Zeugen kennen auch keine Sakramente, als Zeichen der Gnade „unsern Glauben dadurch zu erwecken und zu stärken" (Augsburgische Konfession, Artikel 13).

Was den Zweck der Zusammenkünfte von Jehovas Zeugen ausmacht, erklärt eine Liedstrophe aus dem Liederbuch der Gemeinschaft „Singt und spielt dabei Jehova in euren Herzen" (Wiesbaden 1969):
„Zusammenkünfte tragen zur Auferbauung bei; man spricht von seiner Hoffnung; ein jeder fühlt sich frei. Wer Vorbereitung nicht versäumt, kommt schon so gut voran, daß er die Wahrheit nachher dann mit andern teilen kann" (Singt 36,2).

Die Zusammenkünfte von Jehovas Zeugen sind Vorbereitung für den Dienst des Predigens und Jüngermachens.

„Predigen bringt uns Frieden und Glück,
führt uns zum Leben auch zurück",
heißt es in einem anderen Lied der Gemeinschaft (Singt 62,3).
Vom Predigen und von der Vorbereitung zum Predigtdienst wird
das Leben eines jeden Verkündigers bestimmt, der in Eintracht mit
seiner Versammlung lebt.
Auch die Familie ist Predigtdienstfeld.
„Väter und Mütter sollten ein reges Interesse daran haben, unter ihren eigenen Nachkommen Jünger zu machen, damit ihre Kinder
ewiges Leben erlangen können. Und wir alle sollten danach trachten, unter unseren Verwandten, ob es Glieder unseres engsten Fa-
milienkreises sind oder andere, das Königreich bekanntzumachen
und möglicherweise auch Jünger zu machen" (Organisation S. 111).
Der ständige Predigtdienst läßt dem Anhänger der „Theokratischen
Organisation", wie Jehovas Zeugen ihre Gemeinschaft auch nen-
nen, gar keine Zeit zu anderen Betätigungen außer Familie, Beruf
und Versammlungs- bzw. Predigtdienst. Politische Betätigung fällt
für Jehovas Zeugen sowieso unter das Verdikt seiner Gemeinschaft.
In einer Art Taufkatechismus lautet die Antwort auf die Frage „Wie
dachte Jesus über die Teilnahme am politischen Leben der Welt?":
„Der Teufel (nahm ihn) mit auf einen ungewöhnlich hohen Berg
und zeigte ihm alle Königreiche der Welt und ihre Herrlichkeit, und
er sprach zu ihm: ‚Alle diese Dinge will ich dir geben, wenn du nie-
derfällst und mir einen Akt der Anbetung erweist.' Da sprach Jesus
zu ihm: ‚Geh weg, Satan! Denn es steht geschrieben: Jehova, deinen
Gott, sollst du anbeten, und ihm allein sollst du heiligen Dienst dar-
bringen!'"

Eine Sekte mit zwei Gesichtern

In einem Punkt unterscheiden sich Jehovas Zeugen von allen anderen Glaubensgemeinschaften, die wir sonst im christlichen Umkreis
finden: Diese Gemeinschaft hat zwei Gesichter. Ja, man kann
sagen, sie führt ein echtes Doppelleben.

Da sind auf der einen Seite die örtlichen Königreichssäle mit den Zusammenkünften der Anhänger. Da ist die strenge organisatorische Ausrichtung der örtlichen Glaubensgemeinschaften. Da findet sich ungeheurer Einsatz für diesen Glauben und ein großes Vertrauen in die Wachtturmgesellschaft und ihre Schriften. Es darf nicht abgestritten werden, daß sich diese örtlichen Versammlungen bemühen, nach ihrem Bibelverständnis zu leben und daß ihre Anhänger mit allem Ernst versuchen, richtige Jünger Christi zu sein.

Aber da ist die andere Seite: Ein Industrieunternehmen von geradezu unvorstellbaren Ausmaßen, ein Management mit scharfen Machtkämpfen und kalt berechnender Konzernpolitik. In ihm sind Juristen, Wirtschaftsführer und Ideologen am Werke, die ständig danach trachten, den Betrieb immer besser kontrollieren zu können und die finanzielle Situation des Konzerns zu verbessern. Machtkämpfe in der Konzernspitze sind keine Seltenheit.

Man muß sich daran erinnern: Das ganze Unternehmen begann als Buch- und Zeitschriftenvertriebsfirma. Und genau das ist es bis heute geblieben. Nur daß inzwischen Druckereiunternehmungen, Banken und vor allem Machtbefugnisse über die ehemals selbständigen Käuferkreise (damals ,,Versammlungen der Ernsten Bibelforscher'' genannt) dazugekommen sind. Und sehenswerter Grundbesitz außerdem.

Es gibt nicht ,,die Geschichte'' der Jehovas Zeugen, sondern es gibt zwei Geschichten: Eine Geschichte der Gläubigen, die immer fester in die Abhängigkeit einer religiösen Diktatur geraten sind und die Geschichte einer Firmengruppe mit dem Zeichen des Wachtturms (Watchtower). Die Geschäftsführung dieser Firmengruppe wird von den ahnungslosen Gläubigen als ,,leitende Körperschaft des treuen und verständigen Sklaven'' verehrt.

Es gibt herzzerreißende Beispiele der Leiden derer, die hinter die Kulissen geschaut hatten und nun erkennen mußten, daß sie ihr Leben und ihren Glauben auf eine falsche Karte gesetzt hatten. Viele sind daran zerbrochen. Die Wachtturmführung hatte alles zerstört, was sie an ihren christlichen Glauben und an die Gemeinschaft von Familie und Volk gebunden hatte. Und sie hatten ihr Leben willig und gläubig in die Hände des „treuen und verständigen Sklaven", der leitenden Körperschaft, gelegt. Und waren betrogen worden. Als sie dann den Wachtturm-Konzern verlassen hatten, wurden sie von ihren ehemaligen Glaubensbrüdern verfemt und geschnitten. Ihre Anklagen gegen die Führungsspitze des Ganzen wurden ihnen nicht geglaubt. Sie seien „Judasse" hieß es und wären „ausgeschlossen" worden, denn diese Firma kennt keinen Austritt aus ihren Reihen. Bei jedem Austritt vollzieht sich das peinliche Schauspiel, daß der Ausgetretene vom „zuständigen" Gremium „ausgeschlossen" wird. Den „treu gebliebenen Verkündigern" wird dann erklärt, der oder die Betreffende hätte „ausgeschlossen werden müssen".

Ähnliches geschieht auch, wenn ein Zeuge Jehovas straffällig wird. Gerade dann, wenn er die Seelsorge seiner Brüder am dringendsten brauchen würde, wird er zu Zwecken der „Reinerhaltung der Versammlung" einfach hinausgeworfen.

Daß die aus dem Wachtturmbann wirklich Erwachten bei ihren ehemaligen Glaubensgenossen so wenig Widerhall finden, mag daran liegen, daß kein Mensch gern bereit ist, zu erkennen, daß er sich auf die falsche Seite geschlagen hat. Niemand gibt gern zu, daß er religiösen Hasardeuren oder falschen Aposteln aufgesessen ist. Man klammert sich oft an jeden Strohhalm, um nicht vor sich selber als Betrogener dastehen zu müssen. Wegen dieser menschlichen Eigenschaft haben es die religiösen wie die politischen Diktatoren so leicht, durch neuen Lärm alte Schandtaten vergessen zu machen.

Ein ehemaliger Zeuge Jehovas aus Ludwigshafen schreibt: „Es sind nicht die Fehler dieser Gesellschaft, worüber ich mich entsetzt habe, sondern die Unaufrichtigkeit, die im Namen Gottes praktiziert wird und deren einziger Zweck darin besteht, dem sog. Mitteilungskanal Jehovas (Anm.: eine andere Bezeichnung für die Führung des Wachtturmkonzerns) den Stempel der Makellosigkeit aufzudrükken, damit er nach außen hin als Ersatzchristus auftreten kann. Da alles, was mich zu dieser Organisation führte, von Anfang an scheinbar in Ordnung war, habe ich ihr blind vertraut. Aber mit derselben Konsequenz, mit der ich sie in der Öffentlichkeit repräsentierte (zeitweise als Schuldiener, Hilfsversammlungsdiener und Vortragsredner im Kreis 45), habe ich mich bereits am 6. 8. 71 per

Einschreiben an die Komitees in Wiesbaden, der Versammlungen Ludwigshafen-Mitte und -Süd unter Angabe der Gründe von ihr getrennt. Vier Wochen später, am 3. 9. 71, wurde mir die Gemeinschaft entzogen. Man kann also nicht austreten, sondern nur hinausfliegen . . ." (Dieser Brief ist dem sehr guten Heft ,,Als Zeugen Jehovas erlebt, erlitten und erzählt", Bruder-Dienst Heft 29/30, entnommen. Adresse am Ende dieses Heftes. Diese Schrift eignet sich zum Weitergeben an Jehovas Zeugen, die bei uns an den Türen klingeln.)

Eine Firma wird zum Glaubenskonzern

Die Geschichte des Firmenkomplexes unter dem ,,Watchtower"-Zeichen beginnt mit dem religiös interessierten Kaufmann Charles Taze Russell (1852–1916). Dieser energische Mann war schon im Alter von 18 Jahren mit religiösen Schwärmern in Kontakt gekommen, die für 1873/74 eine ,,Wiederkunft Christi" ausgerechnet hatten. Russell, der nach schon erprobtem Muster auf eine ,,unsichtbare Wiederkunft Jesu" hinwies, fing schon bald mit den damals in den USA sehr beliebten ,,biblischen Berechnungen" an und gab schließlich eigene Schriften heraus, mittels deren er seine Rechenergebnisse unter die Leute bringen wollte.

Russell hat keine Religionsgemeinschaft gestiftet oder eine solche begründen wollen. Er war Schriftenautor und -Verleger. Seine ,,Predigtreisen" sind gleichzeitig Propagandatouren für seine Firma ,,Zions Watch Tower Tract Society" (Zions Wachtturm- und Traktat-Gesellschaft, 1881 gegründet, 1884 gesetzlich eingetragen und damit geschäftsfähig).

Schon 1879 hatte Russell die Zeitschrift ,,Zions Watch Tower" gegründet. In dem danach gegründeten Verlag gibt Russell, der sich aus leicht verständlichen Gründen aber unberechtigterweise als ,,Pastor" bezeichnen läßt, nun die sogenannten ,,Schriftstudien" heraus. Band 1 ist ein fremdes Buch, das Russell ein bißchen überarbeitet und unter eigenem Namen erscheinen läßt. Solche Vorkommnisse sind allerdings in der religiösen Schrifttumsszene nicht gerade selten.

Um den Umsatz seines Verlages zu vergrößern, wirbt Russell sogenannte „Kolporteure" (Buchverkäufer) an, die gegen Provision seine Schriften verkaufen. Es bilden sich bald Leserkreise, die teilweise „Millenniums-Tagesanbruchs-Leute" oder auch „Ernste Bibelforscher" genannt werden. Russell unterstützt die Bildung solcher Kreise und versucht schon kurz nach 1900, aus den Käufern Verkäufer der Wachtturmschriften zu machen. Erst Russells Nachfolger J. F. Rutherford (1869–1941) gelingt es jedoch, die Leserkreise in eine Schar freiwilliger und unbezahlter Schriftenverkäufer umzuwandeln.

Russell hatte aus dem Verkauf der elterlichen Textilfirma eine Summe von über 300 000 Dollar in seinen Verlag einbezahlt. Der Verlag war so aufgebaut, daß ein Anteilschein über 10 Dollar gleichzeitig ein Stimmrecht besaß. Für 250 000 Dollar hatte Russell bei seinem Tode 25 000 Stimmen in seiner Firma. Einen Teil seines Vermögens hatte er anläßlich seiner Scheidung seiner Frau überlassen müssen. Zwar hatte Russell versucht, sich als arm und mittellos darzustellen, jedoch wurde er noch wegen „Hinterziehung" bestraft, als bei der Überprüfung seine Vermögensverhältnisse geklärt wurden.

Entgegen Russells Testament operiert der gelernte Jurist Rutherford, der aus unerfindlichen Gründen von seinen Anhängern „Judge" (Richter) genannt wurde, mit dessen Stimmanteilen und kann sich so im folgenden Jahr zum Präsidenten der Wachtturm-Firma aufschwingen. Vier Direktoren verlieren ihre Posten und schließlich müssen noch andere Stimmberechtigte mit hohen Summen ausbezahlt werden.

Russell hatte testamentlich ein Herausgeberkomitee einsetzen wollen, unter das Rutherford gar nicht aufgenommen worden war (er war nur als vorletzter Ersatzmann benannt). Beim Tode Russells besitzen etwa 600 Personen insgesamt 150 000 Stimmrechte.

Rutherford verändert bald die Lehren Russells. Vor allem beginnt er mit scharfen Kämpfen gegen die Geistlichen der unterschiedlichsten Gemeinschaften und, nach einer längeren Inhaftierung wegen Wehrkraftzersetzung, auch mit scharfen Angriffen gegen den Staat. Damit will er seine Anhänger und die Leserzirkel der Wachtturm-Gesellschaft offensichtlich immer fester an die Zentrale binden. Er erreicht das, indem er sie durch Angriffe gegen alle anderen Autoritäten von der Umwelt isoliert.

Adolf Hitler empfängt von ihm am 25. 6. 1933 eine Ergebenheitsadresse. Erst als die NS-Führer kein Interesse an der amerikanischen Sektenfirma bekunden, werden die Anhänger in aller Welt zu Protestbriefen gegen die Nationalsozialisten aufgerufen. In Deutschland werden die Ernsten Bibelforscher verfolgt und viele von ihnen sterben in den KZs. Nicht so der Führer des deutschen Zweiges der Gesellschaft. Der damalige (und nach 1945 als „Widerstandskämpfer" wieder im Amt bestätigte) Zweigdiener Erich Frost verrät seine Untergebenen und deren Treffpunkte und übersteht das Dritte Reich ziemlich ungeschoren, im Vergleich zu den von ihm Verratenen (vgl. Spiegel 30/1961) und zu den kleinen Verbreitern der Wachtturm-Schriften.

1) Heute ist die Führung der Sekte etwa folgendermaßen organisiert: Die WATCH TOWER BIBLE & TRACT SOCIETY OF PENNSYLVANIA (die ehemalige „Zion Watch Tower Tract Society"), sie hatte im Oktober 1972 zur Jahresversammlung 423 Mitglieder (!), ist Besitzer der Zeugen Jehovas-Bank „Watchtower Treasures". Ihr Präsident ist seit Mitte 1977 der zu dieser Zeit 84jährige vormalige Vizepräsident F. W. Franz. Es scheint so, als ob sich alle Macht und auch der Besitz in immer stärkerem Maße bei dieser Gruppierung sammle.

2) Die WATCHTOWER BIBLE AND TRACT SOCIETY OF NEW YORK, INC. (im Zeugen-Jargon „Columbia Heights" genannt nach ihrem Sitz) ist der Besitzer der Liegenschaften, Druckereien, der Inhaber der Vermögen und sie vergibt schließlich die Lizenzen. Alle Zweige der Zeugen Jehovas müssen für die zu veröffentlichende Literatur an diese Firma Lizenzgebühren bezahlen.

Die INTERNATIONAL BIBLE STUDENTS ASSOCIATION in Brooklyn, ebenfalls 124 Columbia Heights, hat keine besonderen Funktionen. Sie tritt vor allem dort in Erscheinung, wo es die beiden anderen Einrichtungen aus irgendwelchen Gründen nicht können oder dürfen.

Die Führung der drei Institutionen ist personell fast identisch. In einem Fall scheint es sogar eine Vater-Sohn-Erbfolge gegeben zu haben (Kassierer).

Derzeit liegt die Macht über diese Gruppierungen in den Händen der sogenannten „Leitenden Körperschaft". Durch einen geschickten Schachzug haben sich die Ende 1971 amtierenden Führer der Wachtturm-Gruppierungen als „Leitende Körperschaft" davor bewahrt, eines Tages durch Vorstandschaftswahl entmachtet zu werden. „Ein den Bestimmungen des Cäsars entsprechendes religiöses Rechtsinstrument (WTG)", hieß es im Wachtturm vom 1. 4. 1972, „sollte nicht versuchen, seinen Urheber zu beaufsichtigen und zu leiten". Die „leitende Körperschaft" besteht derzeit aus 16 Personen und hat ihren Sitz im Brooklyner Hauptbüro (Jahrbuch 1981 S. 6). Innerhalb der Führungsspitze finden nicht selten Auseinandersetzungen um die Macht und den Einfluß auf die Sekte statt.

Geld und Macht

Jehovas Zeugen verkaufen ihre Bücher und Zeitschriften zu vergleichsweise geringen Preisen. Trotzdem machen die Wachtturm-Firmen damit ungeheure Gewinne, denn die Gestehungskosten der Bücher und Zeitschriften werden von Kennern auf 10 Prozent (in Worten: zehn Prozent!) des Verkaufspreises geschätzt (vergleiche: Günther Pape „Die Wahrheit über Jehovas Zeugen", Rottweil 1970, S. 46).

Mit derartig niedrigen Gestehungskosten können die Wachtturm-Firmen deshalb arbeiten, weil sie sowohl die Druckereien als auch das nötige billige Menschenmaterial besitzen. Ein im „Bethel-Dienst" stehender Drucker arbeitet für ein geringfügiges Taschengeld, eine minimale Kleidergeldzulage sowie freie Unterkunft und Gemeinschaftsverpflegung. Für alle anderen an der Literaturherstellung und am Firmenvertrieb beteiligten Berufsgruppen gilt das gleiche.

Günther Pape schreibt in seinem Buch „Die Wahrheit über Jehovas Zeugen":

„Das Geschäft der Wachtturm-Gesellschaft ist ein risikoloses Geschäft. Jede Buchauflage kann in Millionenhöhe gedruckt werden.

Sie ist schon verkauft, wenn sie aus der Druckerpresse kommt, denn jeder Zeuge Jehovas ist von seiner Glaubensüberzeugung her ein sicherer Kunde. Dieser Kunde wird dann wieder benutzt, selbst Verkäufer für die Gesellschaft zu sein.

Der Zeuge selbst bekommt auf seine eigene Literatur keinen Nachlaß der Gesellschaft, sondern muß den vollen Verkaufspreis zahlen. Nur an der Literatur, die er weiterverkauft, wird er mit Pfennigen beteiligt" (a.a.O. S. 46).

Preiserhöhungen treffen in solchen Fällen nicht den Endverbraucher der Schriften, sondern den Verkäufer. Bis etwa 1971 durfte ein Zeuge Jehovas für jede verkaufte Zeitschrift DM −,10 „Schuhsohlengeld" behalten. Dann wurden die Preise erhöht. Jede Zeitschrift kostete im Endergebnis immer noch DM −,25, nur das „Schuhsohlengeld" war auf DM −,05 verkürzt worden.

Den Jahresreingewinn der Wachtturm-Gesellschaft für 1967 errechnete das Blatt „Christliche Verantwortung" (September 1968), das von ehemaligen Zeugen Jehovas herausgegeben wird, mit über 69 000 000 Mark. Diese Summen dürften inzwischen weit übertroffen sein. Angelegt ist dieses Geld zum Teil in Farmen, zum Teil in Grundstücken, in den Maschinen der Druckereien und in Hausbesitz.

Fast alle Glaubensgemeinschaften haben eigenen Besitz. Viele sind reich. Aber die meisten von ihnen finanzieren soziale Hilfsprogramme. Jehovas Zeugen reden über ihren Besitz nicht. Hingegen prangern sie aber immer wieder den Besitz der Kirchen an.

Vermutlich ist es richtig, wenn Jehovas Zeugen sagen „Unsere Glaubensgemeinschaft hat kein Geld"; denn das ganze Kapital liegt in den Händen einer Firma, der Wachtturm-Gesellschaft. Bis heute hat die Wachtturmgesellschaft über ihren Besitz keine Bilanzen vorgelegt, wie es etwa die christlichen Kirchen jedes Jahr tun.

Das andere Gesicht: die Geschichte der Gläubigen

Die Geschichte der Glaubensgemeinschaft beginnt mit den Leserkreisen der Russell-Schriften. Sie wurden regelmäßig von den angeworbenen Kolporteuren besucht, die ihnen neue „geistliche Speise" (Russells Zeitschriften und Bücher) verkauften. Nach Russells Buch „Millennium Tagesanbruch" (Millennial Dawn) wurden sie auch „Millenniums-Tagesanbruchleute" oder auch nach dem Schriftsteller „Russelliten" genannt. Es waren eher Lesezirkel als wirkliche Gemeinden. Sie hatten untereinander keinen Kontakt, sondern waren lediglich durch den Schriftenbezug mit der Zentrale verbunden. Hin und wieder tauchten auch Russell oder ein Kolporteur mit einem Werbevortrag auf. Sogar innerhalb der unterschiedlichen Kirchen gab es solche Russelliten-Zirkel. Ab und zu wurden Russell oder einer seiner Kolporteure sogar von ahnungslosen Predigern oder Pastoren zu Vorträgen eingeladen.

Neue Leserschichten wurden auch durch eine intensive Pressearbeit erschlossen. Seitens der Zions-Watch-Tower wurden den Tageszeitungen Vorträge oder Predigten von Russell mit einem Bild des Verfassers angeboten, die aus Ersparnisgründen von den oft im Ein- oder Zweimannbetrieb bearbeiteten Blättern gern genommen wurden.

Von 1897 ab bedient der Verlag seine „Ekklesias" genannten Lesergemeinden durch drei hauptamtliche „Pilger-Brüder", die auf einer jeweils festgesetzten Route die Gruppen besuchen und Vorträge und „Cottage meetings" halten bzw. Schriften vertreiben. 1905 war die Zahl der „Pilgrime" auf 25, 1917 schon auf 93 gestiegen.

Zur Bedienung dieser Kreise hatte Russell 1909 die „Peoples Pulpit Association" (Volkskanzel-Vereinigung, seit 1939 die WATCHTOWER AND TRACT SOCIETY OF NEW YORK, INC.) gegründet.

Diese Kreise versuchten, ernsthaft nach einem einfachen Bibelverständnis zu leben. Sie glaubten ihrem „Pastor" Russell und nannten sich „Ernste Bibelforscher" (nach einem monatlichen Traktat mit dem Titel „The Bible Student Monthly", der monatliche Bibelforscher). In den USA hatte nach den Endzeitprophezeiungen und den unzähligen religiösen Neugründungen und Aufsplitterungen im 19. Jahrhundert eine regelrechte geistliche Forschersucht eingesetzt. Jeder wollte die Wahrheit der Bibel berechnen und Unzählige wollten mit Ernst „Urchristen" sein. Der naive Pioniersglaube, daß mit einem bißchen guten Willen alles ginge (der dem Land den Ruf der „unbegrenzten Möglichkeiten" mit eingetragen hatte), wurde auch auf den religiösen Bereich übertragen. Anderseits kann man sich den Mangel an geistiger Bildung nicht groß genug vorstellen, so daß diese Zeit gleichzeitig die sprichwörtlichen unbegrenzten Möglichkeiten für religiöse Hasardeure besaß. 1869 ließ ein cleverer Zeitgenosse einen Riesen aus Gips gießen, ihn vergraben und schließlich unter wundersamen Umständen zutage fördern. Er bekam auch ohne weitere Umschweife theologische Gutachten darüber, daß es sich um einen „Riesen aus biblischer Zeit" handeln müsse und zog jahrelang den Amerikanern Millionen von Dollars aus den Taschen. Der Zirkus Barnum brachte sofort ein noch „echteres" Gegenstück ins Showgeschäft und religiöse Wundertäter hatten ihre große Stunde. Auch Charles T. Russell mußte einmal seine Erfahrungen mit sogenanntem „Wunderweizen" machen.

Am religiösen Ernst der „Ernsten Bibelforscher" darf nicht gezweifelt werden. Auch Russell hat sicher nichts verkauft, an das er nicht selbst geglaubt hat. Besonders die Prophezeiungen der Endzeiten brachten ihm (wie anderen Wiederkunftspropheten) viel Zulauf. (Vergleiche Kapitel: Die berechnete Stunde.)

Über Russell schreibt der Theologe Dietrich Hellmund: „Die Bibel ist seiner Meinung nach durch Gottes Diktat von A bis Z entstanden. Darum redet jede Aussage aus sich selber. Sie darf aus dem Zusammenhang gelöst werden und mit anderen Stellen kombiniert und so zum Reden gebracht werden. Vor allem seine Jahresberechnungen und sein Zeitalterplan bezeugen diese Methodik anschaulich. Er will die Dinge ans Licht zerren, die Gott erklärtermaßen verborgen hält — bis heute. So stark ist das Streben nach Sicherheit vor dem richtenden Gott, daß er ihm solche Geheimnisse wie die nach dem Tage der zweiten Wiederkunft Christi und den Zuständen im tausendjährigen Reich abluchsen möchte. Er hat sich auch durch allerlei Berechnungspannen nicht von seiner Generallinie abbringen lassen . . . Nur ist diese Verwendung der Bibel schlicht abergläubisch. Die Bibel wird dadurch zum Orakel und zum Spiegel menschlicher Geistesblitze . . ." (D. Hellmund, Die Geschichte der Zeugen Jehovas . . . Hamburg 1972).

Diese Beschreibung dürfte auch für Russells Leserkreise zutreffend sein. Sie bauen etwas naiv auf den menschlichen Verstand und auf die Möglichkeiten, hinter Gottes Geheimnisse zu schauen und würden gar zu gerne einen korrekten „Fahrplan Gottes" kennen. Hunderttausende mögen um die Jahrhundertwende so gedacht haben.

Unter Einfluß der Wachtturm-Gesellschaft wenden sie sich bald dem Kampf für die eigenen Überzeugungen zu, da sie ja glauben, durch die Russell-Schriften die notwendige Aufklärung und die Kenntnisse über Gottes Pläne bekommen zu haben. Zuerst gerät einmal die Geistlichkeit der anderen Gemeinschaften in das Schußfeld der Wachtturmgesellschaft. Dies geschieht unter Russells Nachfolger Rutherford. Mit der Herausgabe des von Rutherford verfaßten siebenten Bandes der „Schriftstudien", der nur gegen eine starke innerbetriebliche Opposition zum Erscheinen gebracht werden konnte, schlägt die Anhängerschaft den Weg zur scharfen Konfrontation mit den Kirchen ein. Ein Sachkenner bezeichnet den Inhalt des Buches als „groteske Bibelauslegung und unflätige Beschimpfungen".

Hellmund: „Das Hin und Her der Beschimpfungen wandelte die Bibelforscher in lautstark bekennende Zeugen Jehovas. Der nun von außen her kommende Druck – nicht nur die Kirchen, sondern auch die abgespaltenen Glaubensbrüder sparten nicht mit Kritik – machte die Rutherfordianer zu bedingungslos kämpfenden Fanatikern. Sie wurden immer unzugänglicher auch für jene Kritik, die in sachlicher, unpersönlicher Form ausgesprochen wurde. Andererseits wurden die Zeugen Jehovas eben dadurch in einer unvorstellbaren Weise autoritätsgläubig."

Rutherford macht aus den ehemaligen Lesern willige Schriftenverkäufer und kann in den letzten Jahren vor seinem Tode die demokratischen Strukturen der „Ernsten Bibelforscher"-Kreise zugunsten eines Systems von WTG-Beauftragten beseitigen.

Das heutige Erscheinungsbild der Zeugen Jehovas ist dadurch zum Großteil geprägt worden. Der 1942 eingesetzte Präsident Knorr schuf ein wichtiges Instrument der Sekte: die „Theokratische Predigtdienstschule".

„Die Zeugen bekamen fortan nicht nur Bücher mit den sogenannten biblischen Wahrheiten, sondern auch Unterrichtsbücher für die Predigtdienst-Abendschule. Sie lernten Grammatik, Rechtschreibung, richtig lesen und sprechen. Nun wußten sie, was Hauptworte, Zeitworte usw. sind. Sie lernten den Satzbau kennen und konnten Haupt- und Nebensätze unterscheiden . . . Heute sind die Zeugen Jehovas in der Regel sehr gut ausgebildete Verkünder. Sie können sprechen und kennen ihre Bibel" (G. Pape, Die Wahrheit . . . S. 15).

Knorr schuf aber auch jene starre Organisation, die den Verkündiger in ein unentrinnbares Geflecht der Verpflichtungen und Lohn- und Strafbestimmungen verknüpft hat. Knorr führte Rapportzettel und Organisationsanweisungen ein und das schwer auf den Versammlungen lastende Gespenst des „Gemeinschaftsentzuges".

Man kann sagen: Unter Russell entstanden freie Glaubenskreise, unter Rutherford wurden sie zu einem System zusammengeschweißt und unter Knorr lernten sie den bedingungslosen Gehorsam. Die Konzernführung hat heute das Heft fest in der Hand.

Sie läßt sich als die „leitende Körperschaft aus der Klasse des treuen und verständigen Sklaven" feiern, die als „Kanal Jehova Gottes" die „Neue-Welt-Gesellschaft" leitet und lenkt. Die Mitglieder dieser Gesellschaft sind ergebene Befehlsausführer, von denen Unmenschliches verlangt wird und die in ihrer Angst vor Strafen und in ihrer Hoffnung auf Belohnung (in der „Neuen Welt") Unvorstellbares leisten.

Grundgedanken der religiösen Gruppe „Jehovas Zeugen"

Wenn sich auch die Anschauungen der religiösen Gruppe „Jehovas Zeugen" (vormals: „Ernste Bibelforscher") im Laufe der Jahrzehnte unerhört verändert haben, so lassen sich jedoch einige Grundgedanken in ihren Glaubensvorstellungen feststellen. Sie bilden eine Art Gerüst und sind von der Leitung häufig mit andersartigen Bibelauslegungen und neuen Zahlen dekoriert worden.

Sie finden sich in dieser Art bei einer ganzen Reihe von Glaubens-
gruppierungen. Nur haben sie bei den Zeugen Jehovas durch den
Einfluß Russells, Rutherfords oder der heutigen Wachtturmführung
eben die eigenartige Ausprägung erhalten, mit der die Gläubigen der
Wachtturmliteratur in unserer Sektenlandschaft solches Aufsehen
und solche Anstöße erregen.

Es sind dies:

1. der Gedanke von der wiederherstellbaren Urkirche;
2. der Glaube an die Berechenbarkeit der Pläne Gottes, insbeson-
   dere der Wiederkunft Christi;
3. die Vorstellung, daß die Gemeinschaft der Heiligen auch eine
   makellose heilige Gemeinschaft nach außen hin darstellen müßte;
4. die bedingungslose Hingabe an eine von Gott besonders bevoll-
   mächtigte Person, Gruppe oder Institution; dieser Vollmachtträ-
   ger wird als „irrtumslos" geglaubt. Fehler und Änderungen werden als „neue und fortgeschrittene Erkenntnisse" kaschiert;
5. die Überzeugung, daß die Bibel nur einlinig verstanden und nur
   im Sinne der eigenen Auslegung interpretiert werden dürfte, und
   schließlich
6. die unzerstörbare Meinung, daß der menschliche Verstand alles
   erklären könne und daß deshalb Geheimnisse des Glaubens unmöglich und daher abzulehnen seien.

Die neue Urkirche (1)

Nach einer weit verbreiteten Ansicht stellt sich die Kirchen-
geschichte etwa folgendermaßen dar:
Anfangs herrscht in der Urkirche eitel Einigkeit und Frieden; in der
Märtyrerzeit ist die Kirche auch noch in Ordnung; schließlich
kommt mit Kaiser Konstantin und seiner Anerkennung des Chri-
stentums der Trend zur Verweltlichung auf, und der große Abfall
bis hin zum finsteren Mittelalter setzt ein; dann will die Reforma-
tion die Kirche vor dem endgültigen Untergang retten und an die
Urkirche anknüpfen; sie schafft es aber nicht . . .
Bei Jehovas Zeugen heißt es: Mit Russel beginnt das Morgenrot der

urchristlichen Wirklichkeit wieder zu leuchten, um wenig später voll zu erstrahlen.

In dem Buch „Zum Predigtdienst befähigt" (Wiesbaden 1957) liest sich dieses Geschichtsverständnis so:

„Die anhaltende Nacht der geistigen Finsternis, aus der die Zeugen heraustraten, hatte nach dem Tode der Apostel, von Anfang des zweiten Jahrhunderts bis zur zweiten Hälfte des neunzehnten Jahrhunderts bestanden. Der Glanz der rechten Lehre des Urchristentums und die Reinheit der theokratischen Organisation wurden nach dem Jahre 100 durch eine geistige Finsternis verdunkelt . . ." (Predigtdienst S. 296).

Nach heutiger Ansicht von Jehovas Zeugen setzte die neue Glanzzeit erst mit Rutherford ein. Russells Lehren sind in fast allen Punkten für die Sekte überholt.

„Seit dem Jahre 1919 begann sich dieses zu ändern, um einer glanzvollen, von Gott gesegneten Epoche Platz zu machen" (Predigtdienst S. 316).

Diese glanzvolle Epoche falle mit der Zeit zusammen, in der Christus unsichtbar die treuen Diener zu einer „unsichtbaren Auferstehung" zu versammeln begonnen hätte.

„Um das Jahr 1919 waren sie versammelt und sollten nun ein großes Werk tun, nämlich das aufgerichtete Königreich verkündigen, ehe Christus dazu schreitet, seine Feinde im Krieg von Harmagedon zu vernichten . . ." (Predigtdienst S. 348).

Es haben also genug „Überrestglieder" (die „144 000") überlebt. Voll aufgerichtet ist die „theokratische Organisation" aber erst seit 1938, als die leitende Gruppe in Brooklyn ihre beauftragten „Diener" gegen die sogenannten „Wahlältesten" durchsetzt, die als „Gegner der von Gott vorgesehenen neuen Führung" verteufelt werden.

„Der endgültige Wechsel zu einer theokratischen Organisation vollzog sich im Jahre 1938" (Predigtdienst S. 319).

Es muß damit gerechnet werden, daß in späteren Zeiten von der Sekte noch ein neuerer Termin für den eigentlichen Beginn der neuen Heilszeit genannt wird. Das Jahr 1975 hat alle Chancen, diese Funktion für spätere Zeiten zu übernehmen.

,,1975" war der vorerst letzte ,,Endzeittermin" in der durch häufige Datenausgaben gekennzeichneten Sektengeschichte von Jehovas Zeugen.

In seiner Doktorarbeit ,,Geschichte der Zeugen Jehovas . . ." weist Dietrich Hellmund folgende Jahreszahlen als solche Endzeitdaten bei den Zeugen Jehovas aus: 1874 (Russel: ,,Unsichtbare Gegenwart Christi"), 1872 (Russell: Ende der 6000 Jahre), 1878 (Russell: Leibliche Entrückung der Heiligen), 1881 (Russell: Ende der ,,siebzigsten Jahrwoche" nach Daniel, Aufruf Gottes an alle, die Sammlung der 144 000 beginnt, Beendigung der Gnadenzeit), 1914 (Russell: Absolutes Ende der Weltgeschichte, Wiederkunft Christi, später als ,,Ablauf der Zeiten der Heiden" umgedeutet); Russell machte außerdem noch Voraussagen für 1918, 1921, 1925 und 1970. Sie fallen nicht mehr ins Gewicht, da 1917 Rutherford die Sektenführung übernimmt. Er läßt sich allerdings auf eine folgenschwere Voraussage für das Jahr 1925 ein.

Rutherford hatte in einer Schrift ,,Millionen jetzt lebender Menschen werden nie sterben!" prophezeit:

,,Wir können vertrauensvoll erwarten, daß mit 1925 die Rückkehr Abrahams, Isaaks, Jakobs und der glaubenstreuen Propheten des Alten Bundes eintreten wird" (,,Millionen jetzt lebender Menschen werden nie sterben", 1920, S. 70).

Für diese Fürsten ließ Rutherford ein Haus bauen. Zu diesem Zweck durften die Anhänger einige Millionen Dollar spenden. In San Diego, Californien, entstand das ,,Beth-Sarim" (Haus der Fürsten), in dem die Wachtturmführung heute den in New York übermäßig strengen Winter vergessen kann.

In den Veröffentlichungen der Gesellschaft werden solche Termine heute stillschweigend übergangen. Dabei erschütterte das Ausbleiben der Erzväter im Jahre 1925 die Versammlungen aufs tiefste. Mancher, der sich um sein Geld betrogen fühlte, kehrte den Rutherfordschriften und ihren Kreisen den Rücken. Schließlich hieß es: 1925 sei ,,für viele Glieder des Volkes Jehovas . . . ein Jahr großer Prüfungen" gewesen. Eine eigenartige Formulierung.

Danach wurde das Jahr 1933 zum Beginn des „Schlußkampfes zwischen Jehova Gott und der Organisation Satans" proklamiert, und in der Erstauflage des Buches „Die Wahrheit wird euch frei machen" (1943) das Jahr 1972 als Endtermin für die 6000 Jahre genannt und der Beginn des Millenniums angedeutet. 1945 gibt es einen Rückzieher. „Es ist daher belanglos, ob man sagt bald oder nicht so bald" (Trost, Vol. XXIII Nr. 545 Bern vom 1. 6. 1945).

Im Wachtturm vom 1. 1. 1967 war es dann wieder so weit. Die Hoffnung auf das „Ende dieses Systems der Dinge" für 1975 wurde vergleichsweise raffiniert angeheizt:

„ . . . daß 6000 Jahre menschlicher Geschichte im Jahre 1975, in ungefähr neun Jahren enden werden . . . Bedeutet es, daß Babylon die Große bis 1975 beseitigt ist? Es könnte das bedeuten . . . Und möge auch niemand von euch sich irgendwie bestimmt äußern und etwas sagen, was zwischen der Gegenwart und dem Jahr 1975 vor sich gehen soll. Doch der wichtige Gedanke bei all diesem, liebe Freunde, ist der: Die Zeit ist kurz. Die Zeit läuft ab, darüber besteht keine Frage."

Endlich wurde in „Erwachet" Nr. 8 vom 22. 4. 1967 in die gleiche Kerbe gehauen: „In welchem Jahr wären dann die ersten 6000 Jahre Menschheitsgeschichte und auch die ersten 6000 Jahre des göttlichen Ruhetages zu Ende? Im Jahre 1975." 1969 wird wieder die Endzeitstimmung angeheizt (EW 7/1969): Es würden noch Zeugen Jehovas von 1914 leben, wenn dieses „verderbte System der Dinge" vernichtet würde.

Nach 1975 brachten die Wachtturmführer eine neue Harmagedon-Version: Sie erklärten, daß Harmagedon „ein Prozeß" sei, in dem z. B. die politischen Systeme die religiösen Systeme zu vernichten begönnen, um anschließend selbst vernichtet zu werden. Neuerdings versucht man unter Hinweis auf 1931 (Annahme des Namens „Jehovas Zeugen") und 1935 (offizieller Beginn der „Einsammlung der großen Volksmenge") Spielraum für das Jahrtausend-Ende zu gewinnen. „Harmagedon" wird erstmals als ein Prozeß („eine Weltsituation") und nicht mehr als plötzliches Ereignis gedeutet. Mit neuen Endzeitterminen ist jedoch zu rechnen. So böten sich, folgt man den bisherigen Rechentechniken der Sekte, etwa 1989, 1995 oder 2005 als neue Enddaten an.

Solche Berechnungen basieren sämtlich auf dem Glauben, Gott habe für clevere Naturen in der Bibel eine Art Zeitrechnungstabelle versteckt und es käme nur darauf an, den richtigen „Schlüssel" zu finden, um in der Menschheitsgeschichte wie in einem Buch lesen zu können.

Zum Wachtturmjubiläum („1879–1979 Seit 100 Jahren auf der Wacht", WT 13/1979) wurden frühere Fehlberechnungen in verschleierter Form zugegeben:

„Haben jedoch einige Diener Jehovas während dieser ‚letzten Tage' irrige Ansichten in bezug auf das Ende oder telos (griechisch) des Systems der Dinge vertreten? Ja, das ist der Fall. Einige dieser Ansichten betreffen die Länge der Zeit, die bis zum Ende vergehen wird. Aus Eifer und Begeisterung für die Rechtfertigung des Namens, des Wortes und der Vorsätze Jehovas und aus dem Wunsch nach dem neuen System sind einige Diener manchmal voreilig in ihren Erwartungen gewesen" (WT 13/1979 S. 29).

Man wird darauf verweisen müssen, daß unter „einigen Dienern" der Gründer und sämtliche Präsidenten der WTG zu suchen sind. Verblüffend, wie der Wachtturm diesen Knoten löst:

„Die Wahrheit ist immer die Wahrheit geblieben, wenn auch unser Verständnis von Zeit zu Zeit berichtigt werden mußte" (a.a.O.).

Doch ohne das WTG-Lebenselixier der Endzeittermine ist nicht auszukommen. Anfang 1981 heißt es:

„Könnte jemand, der sich in der Geschichte auskennt, leugnen, daß sich das 20. Jahrhundert seit 1914 – dem Jahr, in dem allen Anzeichen nach die vier sogenannten Apokalyptischen Reiter mit ihrem Ritt begannen – durch ein solch außergewöhnliches ‚Wehe der Erde und dem Meer' auszeichnet? (Siehe Offenbarung 6:1-8.) Das muß ein unmißverständliches ‚Zeichen' dafür sein, daß im Jahre 1914 die ‚letzten Tage' des gegenwärtigen weltlichen Systems der Dinge begonnen haben und daß wir in der Zeit des ‚Abschlusses des Systems der Dinge' leben." (WT 1/1981 S. 27)

In den Schriften der WTG wird die Lebensspanne eines Menschen u. a. mit 70 Jahren beziffert. 1914 + 70 = 1984!

Die Bibel selber hat allerdings kein Verständnis für solcherlei fürwitzige Neugier. Jesus antwortete auf entsprechende Fragen seiner Jünger: ,,Es gebührt euch nicht, zu wissen Zeit oder Stunde, welche der Vater in seiner Macht bestimmt hat" (Apostelgeschichte 1, Vers 7). Er verweist die Jünger und Apostel auf den Heiligen Geist und die vor ihnen liegende Aufgabe der Weltmission, nicht auf die Spekulation.

Die Sucht, Gottes Terminplan zu berechnen, ist das wichtigste und unausrottbarste Erbe Russells in der Gemeinschaft der Zeugen Jehovas und in der Wachtturmführung. Doch während Russell vermutlich seine Berechnungen selber geglaubt hat, machen die neueren Zeitangaben eher den Eindruck von Ansporn-Parolen für lahmgewordene Anhänger (ohne daß man den Eindruck gewinnt, die Führung würde die herausgegebenen Daten bei der Finanzplanung ihres Betriebes berücksichtigen).

Heilige in Unschuldskleidern (3)

,,Jehovas christliche Zeugen sind ein reines Volk" beginnt der entsprechende Abschnitt im Richtlinienbuch der Sekte. Für Konzernführung und Gläubige muß sich die Gemeinschaft als unbefleckte Versammlung darstellen: Ohne schwarze Schafe und geleitet von Männern mit sauberen Westen. So sieht auch das Organisationsbuch ,,Organisation zum Predigen des Königreiches und zum Jüngermachen" die Gemeinschaft.

Wie sich Jehovas Zeugen gerade hier verhärtet haben, zeigt ein Blick in die JZ-Bücher. Zum Beispiel kennt die Richtlinienbroschüre von 1949 ,,Rat über Theokratische Organisation für Jehovas Zeugen" den Ausdruck und die Tatsache des ,,Gemeinschaftsentzugs" noch gar nicht. In der 1955 in Kraft gesetzten Richtlinienbroschüre ,,In Einheit miteinander predigen" heißt es, daß der Gemeinschaftsentzug eine ,,ernste Sache" ist und ,,bedeutet, daß der Unrechttuende aus Jehovas Neuer-Welt-Gesellschaft" hinausgetan wird. Das Kapitel umfaßt zweieinhalb Seiten.

Die 1960 veröffentlichte Richtlinienbroschüre „In Frieden und Einheit predigen und lehren" widmet dem Thema schon vier Seiten und in dem Richtlinienbuch von 1967/1968 „Dein Wort ist eine Leuchte meinem Fuß" werden dem Thema der Versammlungsreinerhaltung schon 16^1/2 Seiten gewidmet. Im Richtlinienbuch von 1972 umfaßt dieses Thema schließlich über 26 Seiten!

Für „Gemeinschaftsentzug"-Bestrafte gilt:

„In Treue gegenüber Gott sollte niemand in der Versammlung solche Personen grüßen, wenn er sie in der Öffentlichkeit trifft, noch sollte er sie in seinem Haus willkommen heißen. Selbst Blutsverwandte, die mit einem Verwandten, dem die Gemeinschaft entzogen worden ist, nicht in derselben Wohnung leben, meiden, weil sie geistige Verwandtschaftsverhältnisse höher bewerten als buchstäbliche, den Kontakt mit einem solchen Verwandten, dem die Gemeinschaft entzogen worden ist, soweit irgend möglich . . . Und diejenigen, die mit einer Person, der die Gemeinschaft entzogen worden ist, Glieder derselben Familie sein mögen, hören auf, mit dem Übeltäter (!), der nicht bereut, geistige Gemeinschaft zu pflegen. Auf diese Weise bekommt der Übeltäter zu spüren, welch ein gewaltiges Unrecht er begangen hat, und gleichzeitig bewahrt Jehova den guten Namen seiner irdischen Organisation und schützt das geistige Wohl seiner Diener auf Erden" (Organisation S. 172).

Die Familie wird also in die Machtansprüche der Wachtturm-Führung mit einbezogen. Der „gute Name" der Gemeinschaft gilt über die von Gott geschenkten Bande der Familie. Auch die Kinder bekommen das zu spüren.

„Um an solchen Familienstudien teilzunehmen, müßte das Kind zuerst Reue zeigen und sich ändern und vom Rechtskomitee wiederaufgenommen werden. Ebenso kann ein Verheirateter, dessen Ehepartner die Gemeinschaft entzogen worden ist, diesen, da er ein Fleisch mit ihm ist, ermuntern, von seinem verkehrten Lauf umzukehren und in Reue danach zu trachten, wieder in die Versammlung aufgenommen zu werden . . .

Aber in all solchen Fällen besteht kein Grund, einem Kind oder Ehepartner, dem die Gemeinschaft entzogen worden ist, zuzuhören, wenn der Betreffende versucht, sich zu rechtfertigen, oder sich bemüht, den Treuen zu seiner Denk- und Handlungsweise zu beeinflussen. Auch sollte man ihn nicht anhören, was Einwände hinsichtlich seiner Behandlung durch das Rechtskomitee betrifft. Wenn er in seinem Fall Berufung einlegen möchte, sollte er zum Komitee gehen und nicht versuchen, dadurch Einspruch zu erheben, daß er seinen Fall mit denen erörtert, die keine Ältesten sind" (Organisation S. 173/174).

Ähnliche Rechte maßen sich die Zeugen über die „ungetauften Mitverbundenen" an. Auch minderjährige Kinder können Gemeinschaftsentzug bekommen. Ziel solcher Gemeinschaftsentzüge ist, daß die Versammlungen „sich vor Schaden schützen". Eltern sollen sich aus diesem Grunde an das Komitee wenden, wenn ihre Kinder „fortgesetzt sündigen".

Bei Eheleuten ist die Situation besonders pikant: „Wenn es sich jedoch um ein Vergehen der Ehefrau handelt, werden sie (das Komitee) versuchen, ihre Hirtenarbeit und die von dem getauften Ehemann als Haupt seiner Frau zu erfüllende Aufgabe aufeinander abzustimmen, indem sie ein harmonisches Verhältnis der Autorität bewahren und soweit wie möglich den Ehemann einschalten. Handelt es sich um ein Vergehen des Ehemannes, dann ist es natürlich angesichts der untergeordneten Stellung der Ehefrau Sache des Rechtskomitees, Ermahnung oder Zurechtweisung zu erteilen" (Organisation S. 171–177).

Für die Mitglieder besteht Anzeigepflicht:

„Wenn du persönlich jemals Zeuge eines schweren Unrechts bist, das ein getauftes Glied der Versammlung oder eine ungetaufte Person, die ständig mit ihr verbunden ist, begeht, so sollte dich Loyalität gegenüber Jehova und seinem Sohn und die Liebe zu den Brüdern bewegen, das Rechtskomitee darauf aufmerksam zu machen" (Organisation S. 181).

Die Reinheit der Versammlung gilt als eine Art von höchstem Heilsgut. Aus diesem Grunde werden auch alle jene, die sich von der Gemeinschaft distanzieren, nachdem sie ihr angehört haben, nachträglich mit Gemeinschaftsentzug bedacht. Man kann sich den Abgang nicht selbst aussuchen, sondern hat mit dem Weggang eben eine „schwere Sünde" begangen. Die Sekte fühlt sich also auch noch für die zuständig, die sich von ihr getrennt haben.

Ein ungebrochener Autoritätsglaube hilft ihr dabei.

1973 erließ die „Leitende Körperschaft" ein absolutes Rauchverbot für die Zeugen Jehovas.

„Neue Erkenntnisse": Alte Irrtümer

In alten Veröffentlichungen der Wachtturm-Gesellschaft sieht man häufig Bilder mit dem gekreuzigten Christus. Inzwischen lehnen Jehovas Zeugen das Kreuz als „heidnisches Sexualsymbol" ab.

Bis zum Jahre 1963 deutete das Schrifttum der Gesellschaft die Bibelhinweise auf die Obrigkeit (Römer 13, Offenbarung 13) derart, daß behauptet wurde, die „obrigkeitlichen Autoritäten" seien allein Jehova Gott und Jesus Christus. Mit der 1. Wachtturmausgabe im Januar 1963 kam eine „neue Erkenntnis": Es handle sich bei den „obrigkeitlichen Autoritäten" um die staatliche Autorität.

Vergleicht man die Bibeldeutungen der Wachtturmgesellschaft von Anbeginn bis heute, so stellt man fest, daß fast alle wesentlichen und jeweils zu ihrer Zeit für absolut wahr behaupteten Bibeldeutungen mehrfach umgedeutet wurden.

Bei den „Gedächtnismahl"-Feiern zur Zeit Russells wurden auch die Nichtmitglieder zur Teilnahme an Brot und Wein eingeladen: „Jeder … soll beim Mahle willkommen sein, welches auch in anderen Stücken seine Anschauungen seien", schreibt Russell im 6. Band seiner Schriftstudien (Nachdruck von 1918, S. 253). Heute dürfen nur noch die „Überrestglieder", die nicht einmal ein halbes Prozent der Verkündigerzahl ausmachen, von Brot und Wein nehmen.

Bei den unterschiedlichen Endterminaussagen haben wir die gleichen Änderungen.

Nun sehen die Anhänger im „Kanal Gottes" ja eine Art unfehlbarer Leitungsinstanz. So wird für Berechnungsfehler und für Neuerungen oder Umdeutungen jeweils letztlich Gott verantwortlich gemacht, der eine „neue Erkenntnis" geschenkt habe.

Tatsächlich aber ist jede „neue Erkenntnis" nichts anderes als das vertuschte Eingeständnis eines alten Irrtums.

Käme Charles Taze Russell, der Gründer der Wachtturmgesellschaft, heute mit seinen Lehren in die Brooklyner Zentrale, müßte er von der Tür gewiesen werden. Von seinen damals für absolut richtig gehaltenen Lehren ist außer der Ablehnung der Trinität noch wenig übrig geblieben. Die Haustürmissionare der Wachtturmgesellschaft können schon morgen wieder eine „neue Erkenntnis" im Wachtturm vorgesetzt bekommen. Trotzdem werden sie heute an unserer Tür steif und fest behaupten, alles sei in ihrer Lehre total richtig und absolut wahr.

Gottes Sprachrohr und sein Instrument (4)

Der Wille der Wachtturm-Gesellschaft ist der Wille Gottes. Rebellion gegen die Wachtturmgesellschaft ist Rebellion gegen Gott.

Die Leitung der Zeugen Jehovas vereint bei sich alle denkbare menschliche Autorität. Ihr folgen die Zeugen bedingungslos in religiösen, politischen und privaten Entscheidungen.

Weil die Leitung mit ihrer Autorität das Blutgenußverbot der Bibel auf die Bluttransfusion übertragen hat, lassen gute Zeugen Jehovas lieber ein Kind sterben, als es durch eine „sündhafte" Bluttransfusion zu retten; denn sie trauen dem „treuen und verständigen Sklaven" bzw. der „leitenden Körperschaft" mehr, als den eigenen familiären Gefühlen.

„Daher ist der Wille des Sklaven der Wille Jehovas. Rebellion gegen den Sklaven ist Rebellion gegen Gott" (WT 1956 S. 474).

Die Leitung gilt als Gottes Sprachrohr. Sie beherrscht die gesamte Gemeinschaft, regelt den Tageslauf der Anhänger, ihre Lebensweise, verfügt über deren Freizeit und Glauben, denkt und spricht für sie, und sie erwartet und empfängt absoluten Gehorsam. Wer sich aus diesem Gehorsam lösen und sich den Machtansprüchen der theokratischen Organisation entziehen will, wird „zum Zwecke der Reinerhaltung der Versammlung" aus dieser entfernt. In diesem Punkte versteht die Brooklyner Theokratie besonders wenig Spaß, denn der Ungehorsam könnte ansteckend wirken und das ganze System zerstören.

Während des sogenannten Dritten Reiches sind die Zeugen auf das Wort ihrer obersten Autorität hin willig ins Gefängnis gegangen und haben das Martyrium, häufig mit Todesfolge, auf sich genommen. Der Sinn solchen Autoritätsglaubens liegt für die Anhänger darin, daß diese Autoritäten aufgrund ihres besseren Kontaktes zu Gott („Kanal Jehovas"), sich auch in der Welt „besser auskennen", und daß sie darum auch bessere Leitung geben können. Gleichzeitig übernehmen diese hohen Autoritäten ja auch die Verantwortung für alles, was auf ihren Befehl hin geschieht. Nun ist es ein verbreitetes Phänomen, daß immer mehr Menschen „sich nicht mehr auskennen" und dadurch in Depressionen oder chaotische Seelenzustände anderer Art gestürzt werden. Sie sind dann für die Übernahme von Entscheidungen durch die Autorität der Führungsgruppe besonders dankbar.

Außerdem ist diese Autorität bis in die untersten Schichten der Gemeinschaft hin spürbar. Denn sie fächert sich von oben nach unten hin auf. Noch der letzte Amtsträger in einer kleinen Versammlung spiegelt so etwas vom Glanz der höchsten Autoritäten wider und strahlt etwas von der Geborgenheit aus, die diese zu geben versprechen.

Bei den Zeugen Jehovas stuft sich die Hierarchie von oben nach unten ab: Direktorium mit Präsident und Vizepräsident, Zonenaufseher, Zweigaufseher, Bezirksaufseher, Kreisaufseher, Stadtaufseher und schließlich die Ältestenschaft der jeweiligen Versammlungen mit einem „Vorsitzführenden Aufseher".

Hinter dieser Hierarchie sehen die Gläubigen der Wachtturmgesellschaft die Macht Gottes stehen. Sie repräsentiert Gottes Macht und Willen und bietet dem einzelnen Mitglied den Schutz Gottes und die Gewißheit, bei Gott gut angeschrieben zu sein, wenn das Verhältnis zu den Autoritäten klar und in Ordnung ist.

„Da die ganze Organisation nach theokratischem Muster von oben nach unten durchorganisiert wird, ist eine Einheit und Eintracht unter Jehovas Volk herbeigeführt worden, wie sie inmitten keiner anderen Gruppe auf Erden zu finden ist" (WT 18/1958 S. 564).

Für die große Anzahl von Christen besteht der Glaube, daß die Bibel ein Buch sei, das Gott mit einem Male und in einem Sinne habe schreiben lassen. Es sei so oberflächlich und vordergründig wörtlich zu verstehen wie eine moderne Tageszeitung. Jede der einzelnen Erzählungen und Abschnitte würde den Willen Gottes widerspiegeln und so könne man auch aus der einen Schriftstelle der Bibel ohne inneren Bruch zu einer anderen springen und auf diese Weise ,,Zusammenhänge herausarbeiten". Es sei doch, so wird argumentiert, ,,überall derselbe Gott".

So fromm diese Anschauung auf den ersten Blick sich darstellen mag, so unangemessen ist sie der Heiligen Schrift in Wirklichkeit. Hier wird die Bibel letztendlich zum Steinbruch für eigene Meinungen. In Verbindung mit der Autoritätslehre, die in dem ,,treuen und verständigen Sklaven den Kanal Jehovas" sieht, wird die Bibel nur noch zum Belegbuch für die Äußerungen der Wachtturmgesellschaft bzw. ihrer Führer. Es lohnt aus diesem Grunde kaum, mit den Zeugen Jehovas über biblische Texte zu sprechen (oder gar zu streiten). In einem besonderen Heft ,,Predigtredepläne" sind die zu besonders aufgeführten Themen als passend befundenen Bibelstellen jeweils aufgezählt. Daran und an die in ihrem Schrifttum vorgeformte Bibelauslegung halten sich Jehovas Zeugen.

Neuerungen oder veränderte Erklärungen werden als ,,neue Erkenntnis" ausgegeben. Das bekannteste Beispiel ist das Kapitel 13 im Römerbrief, in dem der Apostel Paulus über das Verhältnis des Christen zur staatlichen Autorität spricht. Bis zum Jahre 1962 deuteten Jehovas Zeugen dieses Kapitel nicht auf den Staat aus, sondern behaupteten, die hier gemeinten Autoritäten seien Jehovas Gott und Jesus Christus. Mit der 1. Januarausgabe des Wachtturms von 1963 wurden die Zeugen plötzlich mit der ,,neuen Erkenntnis" bekannt gemacht, daß es sich beim 13. Kapitel des Römerbriefes doch um die Staaten und die staatliche Autorität handle.

Mit der Zeit sind aus den ehemaligen Bibelforschern programmierte Schriftgelehrte geworden, die willig und gerne jene Bibelauslegung weitergeben, die sie von ihren Autoritäten übernommen haben.

„Nun, wer sind diejenigen, die sich fest an die Bibel halten, indem sie alles, was sie glauben, den Seiten der Bibel entnehmen und sie in allen Angelegenheiten des Lebens zu ihrer Richtschnur machen? . . . Du weißt die Antwort. Es ist die aus gesalbten Christen bestehende Klasse des treuen und verständigen Sklaven, zu der der vortreffliche Hirte, Jesus Christus, jetzt die große Volksmenge anderer Schafe versammelt" (Organisation S. 11).

Hier ist das Bibelbearbeitungsprinzip der Zeugen Jehovas gut vorgestellt: Was die leitende Körperschaft lehrt und was sie glauben lassen möchte, ist „den Seiten der Bibel entnommen". Es ist aus ihnen zusammengetragen, oft ohne Rücksicht auf den biblischen Sinn. So wird unbedenklich von einer „Klasse des treuen und verständigen Sklaven" geredet, von der die Bibel niemals spricht. Die beiden einzigen „Klassen", die sich etwa bezeichnen ließen, sind Heiden und Juden oder Gute und Böse. Ferner werden die Begriffe „große Volksmenge" und „andere Schafe" willkürlich herausgegriffen und ebenso willkürlich zu einem neuen Komplex zusammengeschweißt. Das heißt aber nicht, daß sich die Leitung bei dieser Art Bibelbenutzung nichts gedacht hätte.

Die Bibelbenutzung von Jehovas Zeugen ist unbiblisch. Darum hat es auch keinen Sinn, sich mit ihnen in Gespräche über die Bibel einzulassen. Wir können und dürfen die Bibel nicht so deuten, wie Jehovas Zeugen das unter der Leitung des „treuen und verständigen Sklaven", ihrer Oberen, tun.

(Über die „Bibel" der WTG informiert eines der folgenden Kapitel.)

Sakrament und Dreieinigkeit –
oder: der Verstand diktiert den Glauben (6)

In dem einen Punkte sind die Sekten des 19. Jahrhunderts und ihre Nachfolgegemeinschaften besonders stark die Kinder der Moderne: Sie müssen den Glauben verstandesmäßig durchpräparieren. Es bleibt kein Platz mehr für die Geheimnisse des Glaubens.

Aus solchen Erwägungen fiel bei Jehovas Zeugen die christliche Zentrallehre vom Dreieinigen Gott. Sie beinhaltet die Glaubenserkenntnis, daß Gott sich als Gott Vater, Gott der Sohn und Gott der Heilige Geist geoffenbart hat und daß doch nur ein wahrer Gott in Ewigkeit ist.

Nach der Erstklässerrechenaufgabe $1 + 1 + 1 = ?$ ist das nicht zu lösen. Und doch gibt es ein Traktat der Zeugen Jehovas, in dem die Dreieinigkeitslehre mit der Rechenaufgabe $1 + 1 + 1 = 3$ „widerlegt" werden soll. Was dem eingleisig denkenden Verstand unmöglich erscheint, kann und darf nicht wahr sein.

Es soll hier nicht die Dreieinigkeitslehre erklärt werden. Es gibt zum Verstehen dieser christlichen Hauptlehre genug Denkanstöße und Verstehensmodelle. Letztendlich aber sind diese Modelle alle nur ein Versuch, in Raum und Zeit und menschlichem Wort das auszudrücken, was Raum und Zeit sprengt und sich dem menschlichen Wort entzieht.

Jehovas Zeugen sind einen anderen Weg gegangen. Sie haben sich nicht betend in die Geheimnisse des Glaubens und die Offenbarung Gottes versenkt, sondern mit dem etwas kindlichen Glauben an die unbegrenzten Möglichkeiten des Menschen einfach mit dieser „Glaubensmöglichkeit" aufgeräumt.

Ähnlich verhält es sich in der Frage der Sakramente. Die Taufe ist bei Jehovas Zeugen nicht mehr ein Handeln Gottes am Menschen, sondern eine rationale Einverständniserklärung des Menschen mit Gott (vergleiche: Münchener Reihe, Heft „Taufe").

Aus dem heiligen Abendmahl, bei dem „in, mit und unter Brot und Wein der wahre Leib und das wahre Blut Jesu Christi" wahrhaftig gegenwärtig sind und ausgeteilt sowie genommen werden, wurde eine reine Erinnerungsfeier. Aus dem sonntäglichen oder monatlichen Sakramentsgottesdienst wurde eine einmal jährlich stattfindende Gedächtnisversammlung. Es berührt eigenartig, wenn etwa im Jahre 1975 fast fünf Millionen „Gedächtnismahlanwesende", aber nur 10 187 „Gedächtnismahlteilnehmer" gezählt werden. Während die Zahl der „Anwesenden" von Jahr zu Jahr steigt, sinkt die der Teilnehmer ebenso kontinuierlich. Für das Jahr 1980 werden nur noch 9564 „Teilnehmer" gemeldet bei über 5,7 Millionen „Anwesenden" (Jahrbuch 1981 S. 32). Das liegt daran, daß vorläufig nur die sogenannten „Überrestglieder" von dem Brot und Wein genießen dürfen, während die „Anwesenden" sich nur durch Anblick von Brot und Wein „erinnern" dürfen. In absehbarer Zeit ist allerdings zu erwarten, daß von der Sektenleitung die „neue Erkenntnis" herausgegeben wird, daß nun alle Zeugen Jehovas „Teilnehmer am Gedächtnismahl" sein und von Brot und Wein genießen dürfen. Vermutlich wird dieses „neue Licht" herausgegeben, wenn die Versammlungen von irgend etwas anderem abgelenkt werden sollen.

Derselbe Heilsrationalismus schlägt übrigens auch bei der Rechtfertigungslehre der Zeugen Jehovas durch. Sie müssen ihr Heil hart erarbeiten. Stunde um Stunde, Tag für Tag sind sie „im Dienst". Für alles gibt es Formulare, über alles wird Buch geführt.

Der „Verkündiger-Felddienstbericht" verzeichnet jede Tätigkeit genau. Über die Hausbesuche werden eigene Notizen geführt, dem zuständigen Aufseher wird über den Evangeliumsfelddienst genauer Bericht gegeben. In der Theokratischen Predigtdienstschule wird der Zeuge Jehovas für seinen Dienst genauestens ausgerüstet. Jede Predigt wird geübt, für die Details der Ansprachen gibt es besondere Ratschläge. Geachtet wird z. B. auf:

„Belehrender Stoff; klar, verständlich; Einleitung erweckte Interesse; Einleitung paßte zum Thema; richtige Länge der Einleitung; Lautstärke; Verwendung von Pausen; Zuhörer zum Gebrauch der Bibel ermuntert; Schrifttexte richtig eingeführt; Schrifttexte mit Betonung gelesen; Anwendung der Schrifttexte erklärt; Nachdruck durch Wiederholung; Gesten; Fluß (der Rede); Natürlichkeit, Unterhaltungston; Richtige Aussprache von Wörtern; Zusammenhang durch verbindende Worte: . . . sinngemäße Betonung; Modulation (der Stimme); Begeisterung; Wärme, Gefühl; . . ." etc. Über alles das werden Ratschläge erteilt. Alles wird genau einstudiert.

Im Sommer 1977 wurde eine neue Schulungsvorkehrung für die hauptamtlichen (Vollzeit-) Verkündiger, die Pioniere, eingerichtet. Ein 10 Tage dauernder „Schulkurs" wird von zwei Unterweisern jeweils an unterschiedlichen Orten durchgeführt. Zum Abschluß der „Klassen" erhalten die Teilnehmer das Pionierlehrbuch „Wie Lichtspender in der Welt leuchten" (WT 7/1979 S. 23).

HAUS-ZU-HAUS-NOTIZEN

Straße ████████████   Gebiets-Nr. ....

NAME DES VERKÜNDIGERS ████████████ *Maria*
Abkürzungen

| | WV - wieder vorsprechen | B - beschäftigt | M - Mann |
| | NH - nicht zu Hause | K - Kind | F - Frau |

Haus-Nr.	Datum	Ab-kürzung	Name, Literaturabsatz und Bemerkungen
52	11.12		N. H
54	"		F. W.T. E W. Mio
	Ausbrecher 15.12. 8.12.		
"	1 Heft		nicht Interesiert
56			keine Zeit
58	M. F.		E. W. J W. 15.12. 8. 12.
60			wieder vorsprechen
62			nicht mehr hin gehen
			da Mann böse
64			nicht Interesiert
66			nicht hinein gelassen

S-8-X   10/53

Notizzettel für den Predigtdienst „von Haus zu Haus".

NAME: ....

PREDIGTDIENST-BERICHT FÜR: .... **(Monat)**

Datum	Bücher	Broschüren	Predigtdienst-stunden	Neue Abos	Einzel-zeitschriften	Rück-besuche	Anzahl der *verschiedenen* Bibelstudien, die während des Monats durchgeführt wurden →
Gesamt-zahl							

S-4-X 6/72

Printed in Germany

Formular für die monatliche Dienstabrechnung.

Ein besonderes Blatt „Königreichsdienst" bringt die neuesten Anforderungen und Benachrichtigungen zu jedem Verkündiger. Es wird nicht verkauft oder an Außenstehende abgegeben. Mit dieser Heiligung nach Stundenplan will die Gemeinschaft der Zeugen Jehovas dem Menschen sogar eine Hilfe geben. Er soll quasi „ablesen" können, welchen Stand er bei Jehovas Gott" hat. Wer für Gott genug gearbeitet habe, für den werde Gott auch am Ende eintreten. Über alles wird genau Buch geführt. Statistiken haben einen wichtigen Platz im Glaubensleben eines Zeugen Jehovas. Kann er doch in ihnen ablesen, wie er oder seine Versammlung bei Gott angeschrieben sind.

Heiligung besteht für Jehovas Zeugen aus dem Leben nach Dienstplan und Unterordnung unter „Jehovas Organisation". So vermerken die Jahrbücher der Organisation erstaunliche „Dienststunden"-Leistungen.

Jahr	„Verkündiger" (Höchstzahl)	„Dienststunden"
1971	1.483.430	267.581.120
1976	2.179.256	382.296.208
1979	2.182.341	307.272.262
1981	2.272.278	339.427.608

„Mit Jehova Gott zusammenzuarbeiten"

Alles im Leben von Jehovas Zeugen steht unter der Gesamtüberschrift: „Mit Jehova Gott zusammenzuarbeiten" und zwar so, wie das die Organisation lehrt. Sie weist den Weg, wie man „mit Jehova Gott zusammenarbeitet".

Zuerst einmal gehört dazu als ein wichtiger Schritt die Taufe. „Die Taufe ist ein sehr passendes Symbol dafür, daß wir uns entschlossen haben, mit Jehova Gott zusammenzuarbeiten, indem wir uns hingeben, um als Fußstapfennachfolger Jesu Christi seinen (Anm.: gemeint ist Jehova Gott) Willen zu tun" (WT 3/1979 S. 16).

Dann folgt der von der Wachtturmgesellschaft verordnete Dienst samt Schulung. Doch auch in dienst- und schulungsfreien Stunden muß der Glaube durch „christliche Werke" erwiesen werden. Den Gehorsam, den der Wachtturmgläubige im Königreichssaal lernt, soll er auch sonst ausüben („Der Christ sollte seinen Arbeitgeber respektieren . . . nicht bummeln . . ." WT 17/1978 S. 26.), seine elterlichen Pflichten erfüllen und seinen Mitmenschen helfen. Doch dies zielt sofort wieder auf den „Predigtdienst " ab: „Eine der besten Möglichkeiten, seinen Mitmenschen zu helfen, besteht darin, ihnen ein Verständnis dessen zu vermitteln, was Gott von allen verlangt, die seine anerkannten Diener werden möchten . . . Alle übrigen Werke, einschließlich eines guten Wandels, verleihen dem wichtigen Werk des Predigens und Jüngermachens Nachdruck" (a.a.O. S. 27 und 29).

Auf diese Weise mit der Wachtturmgesellschaft und damit nach eigener Überzeugung Jehova Gott zusammenarbeitend, kann ein Zeuge Jehovas auch Freude erleben. „Wenn wir Gott auf organisierte Weise und aus Liebe dienen und dabei die Königreichsinteressen stets an die erste Stelle setzen, können wir schon jetzt und auch in der kommenden Zeit viel Freude erleben" (WT 3/1979 S. 20).

Dergestalt folge der WT-Gläubige „Jesus Christus, der im ersten Jahrhundert *ein* Wiederaufbauwerk durchführte" (WT 18/1978 S. 17), so wie die Wachtturmgesellschaft bzw. der „gesalbte Überrest" heute *ein anderes* Wiederaufbauwerk durchführe.

Wichtigstes Merkmal der Zusammenarbeit ist immer wieder der Gehorsam. Diesen Gehorsam empfängt Gott über seinen „gesalbten Überrest". Der Gehorsame aber wird Lohn empfangen.

„Die Völker und Nationen an sich erwiesen Jehovas gesalbtem Überrest nicht die gebührende Anerkennung. Einzelpersonen taten dies. . . . Besonders seit dem Frühling des Jahres 1935 schlossen sie sich dem gesalbten Überrest, den ‚Dienern unseres Gottes', an" (WT 18/1979 S. 27/28).

Dafür würden sie in den schrecklichen Endereignissen gerettet werden. Für sie ist das Gericht schon vorweggenommen. „Jetzt — heute — ist also für uns die günstige Zeit, uns denen anzuschließen, die den siegreichen König ‚auf unabsehbare Zeit, ja für immer' lobpreisen werden" (WT 8/1979 S. 23).

Mit dieser unbiblischen Sicht versucht die Wachtturmgesellschaft ihr religiöses Unterwerfungsmodell schmackhaft zu machen. „Fühlten sich die 12 Stämme benachteiligt, weil sie nicht als Priester oder Leviten dienen konnten? Nein! *Sie unterwarfen sich* denen, die der Souverän Jehovas eingesetzt hatte" (WT 18/1978 S. 24), argumentiert die Wachtturmführung.

Doch wer sich unterwirft, wird den von der WTG propagierten grausamen Endkrieg, das „Harmagedon"-Ereignis, überleben: „Jehovas gesalbte ‚Wächter'-Klasse und die ‚große Volksmenge', die auf die Bekanntmachung der ‚Wächter'-Klasse reagiert hat, werden diesen Schlußkrieg unter göttlichem Schutz zur Rechtfertigung Jehovas, des Souveräns des Himmels und der Erde, überleben." (WT 19/1979 S. 18)

Ein System ohne Fehler?

Die in den vorigen Abschnitten aufgezeigten Grundgedanken sind nicht voneinander unabhängig. Sie stützen sich gegenseitig. So baut der spezielle Bibelglaube der Zeugen auf deren Autoritätslehre auf, und die Endzeitberechnungen basieren wiederum auf diesem Bibelglauben. In dieses Gefüge schmiegt sich die Lehre von der „reingehaltenen Versammlung" ebenso ein wie der Glaube, daß die Versammlungen der Wachtturmgesellschaft „urchristlich" seien.

Es scheint ein nahtlos ineinandergreifendes System ohne Fehler zu sein. Für alles gibt es Ratschläge, und ein Bruder soll dem anderen eine Stütze sein. Im Sinne des von der Leitung vorgeschriebenen Systems, versteht sich. Der Fehler liegt nur darin, daß dieses System sich übermenschlich gebärdet, aber schlicht unmenschlich ist. So wie es sich superbiblisch darstellt, obwohl es einfach unbiblisch ist. Jehovas Zeugen benennen die Angehörigen der Kirchen mit dem Schimpfwort „Religionisten". In Wirklichkeit sind sie Vertreter einer autoritätsgläubigen Selbsterlösungs-Religiosität. Daraus soll ihnen kein Vorwurf gemacht werden. Sie können nämlich nichts dafür.

Es besteht also auch kein Grund, den Einsatz der Zeugen Jehovas zu loben, denn sie leisten ihn für ein falsches Ziel und unter falschen Versprechungen. Vermutlich würde jede Kirchengemeinde bei gleichlautenden Drohungen und Versprechungen genauso viele eifrige Mitarbeiter haben, wie zwei Versammlungen der Zeugen Jehovas zusammen aufweisen.

Die „Bibel" der Zeugen Jehovas

Wenn Jehovas Zeugen auf ihren Dienst von Haus zu Haus gehen, bieten sie auch immer wieder ihre „Bibeln" zum Verkauf an. Preislich sind diese Bücher wirklich ausgesprochen günstig. Nicht selten sind solche „Bibeln" der Zeugen Jehovas von Schulkindern in den kirchlichen Unterricht mitgebracht worden. Beim Verkauf hat der Haustürmissionar ja gesagt, das sei eine „richtige Bibel".

Doch die „Jehovas-Zeugen-Bibel" (von Jehovas Zeugen „Neue Weltübersetzung der Heiligen Schrift" genannt) ist weder eine richtige Bibel, noch eine wirkliche Übersetzung. Die deutsche Jehovas-Zeugen-Bibel ist eine Übersetzung der englischen Wachtturmbibel „unter getreuer Berücksichtigung" des Urtextes. Sie ist keine Übersetzung aus dem Urtext, wie das bei den christlichen Bibelübersetzungen üblich ist.

Auch scheint als Maßstab der Wortwahl die Lehrmeinung der Wachtturm-Bewegung gewählt worden zu sein. Einige Beispiele mögen das verdeutlichen:

★ Der im Mittelalter irrtümlich als „Jehova" gelesene alttestamentliche Gottesname – richtig: Jahwe – wurde von den Führern der Zeugen Jehovas wahrheitswidrig auch in das Neue Testament eingebaut. So heißt es in der „Neue-Welt-Übersetzung" in Römer 14, Vers 8:

„Denn wenn wir leben, leben wir Jehova, auch wenn wir sterben, sterben wir Jehova."

Auch an vielen anderen Stellen wurde diese Bibelveränderung vorgenommen.

★ Da Jehovas Zeugen nichts vom Kreuz wissen wollen, das sie für ein „schmutziges heidnisches Sexualsymbol" halten, setzen sie an die Stelle des Wortes „Kreuz" den Begriff „Pfahl": Matthäus 27, Vers 22: „Pilatus sagte zu ihnen: ‚Was soll ich denn mit Jesus, dem sogenannten Christus, tun?' Sie alle sagten: ‚An den Pfahl mit ihm!'" und aus dem Wort des Apostels Paulus: „Denn ich hielt nicht dafür, daß ich etwas wüßte unter euch als allein Jesus Christus, den Gekreuzigten" (1. Kor. 2,2) wird bei Jehovas Zeugen: „Denn ich beschloß, unter euch nichts zu wissen als Jesus Christus, und ihn an den Pfahl geschlagen."

★ Praktiken der Zeugen Jehovas werden in das Neue Testament hineingebracht. Als der Apostel Paulus sich von den Ältesten in Ephesus verabschiedet, beruft er sich darauf, daß er gelehrt habe „öffentlich und in den Häusern", Apostelgeschichte 20, Vers 20. Ganz im Widerspruch zu den Sitten der damaligen Zeit und im Widerspruch zum griechischen Urtext, macht die Zeugen-Jehovas-Bibel daraus „öffentlich und von Haus zu Haus", als wenn der Apostel Paulus nach Wachtturmmanier einen Von-Haus-zu-Haus-Dienst abgeleistet hätte.

★ Schwer begreifbare Bibelverse werden einfach umgedeutet. Ein Beispiel finden wir in Matthäus 27, Vers 52-53.

In der richtigen Bibel heißt es dort: „Und die Erde erbebte, und die Felsen zerrissen, und die Gräber taten sich auf, und standen auf viele Leiber der Heiligen, die da schliefen, und gingen aus den Gräbern nach seiner Auferstehung und kamen in die heilige Stadt und erschienen vielen." Diesen Satz mögen die Zeugen Jehovas nicht stehen lassen. Ihre Um-Übersetzung ergibt dann auch einen völlig anderen, zwar leichter verständlichen, aber dem wirklichen Urtext nicht entsprechenden äußerst belanglosen Sinn:

„Und die Gedächtnisgrüfte wurden geöffnet, und viele Leiber der entschlafenen Heiligen wurden aufgerichtet (und Leute, die nach seiner Auferweckung von den Gedächtnisgrüften herkamen, gingen in die heilige Stadt) und sie wurden vielen sichtbar."

★ Texteinfügungen sollen Bibelverse im Wachtturm-Sinn deuten. „So trat Johannes in der Wildnis auf und predigte die Taufe (als Symbol) der Reue zur Vergebung der Sünden" (Markus 1,4). Die Worte „als Symbol" sind ein unbiblischer Zusatz.

Diese wenigen Beispiele — sie könnten seitenweise weitergeführt werden — sollen zeigen: Die von Jehovas Zeugen verkaufte „Neue Welt-Übersetzung der Heiligen Schrift" ist nicht die richtige Bibel. Diese Jehovas-Zeugen-Bibel ist darum für den christlichen Gebrauch (auch im Unterricht) unbrauchbar. Nicht selten wird durch die Veränderungen der wirkliche Sinn des biblischen Zeugnisses in das Gegenteil verkehrt. Beispiel: Johannes 1,1 — dort heißt es bei Jehovas Zeugen „Und das Wort war *ein* Gott". In der richtigen Übersetzung heißt es „Und Gott war das Wort"!

Am deutlichsten wird diese Veränderung der Bibel durch die Wachtturm-Gesellschaft, wenn es in der WTG-„Bibel" in Johannes 17, Vers 3, heißt: „Dies *bedeutet* ewiges Leben, daß sie *fortgesetzt* Erkenntnis in sich aufnehmen *über* dich, den allein wahren Gott, und über den, den du ausgesandt hast, Jesus Christus."

Das „fortgesetzte Aufnehmen von Erkenntnis über . . ." ist ein typischer Jehovas-Zeugen-Begriff. Er bedeutet im Klartext: Lies fleißig und fortgesetzt die Veröffentlichungen der Wachtturm-Gesellschaft, die dir Erkenntnis über das geben, was du in dir aufnehmen sollst.

Tatsächlich sagt die Bibel an dieser Stelle: „Das aber ist das ewige Leben, daß sie dich, der du allein wahrer Gott bist, und den du gesandt hast, Jesus Christus, erkennen."

Und diese Erkenntnis ist Geschenk Gottes, der allein das ewige Leben geben kann (das man nicht durch Erstudieren produziert). Auf eine weitere Manipulation weist das „Informationsblatt" (Nr. 4/1978) hin, das der schweizerische Sektenfachmann Pfarrer Dr. Eggenberger, Zürich, herausgibt:

> „Wer die Neue-Welt-Übersetzung der Heiligen Schrift, d. h. die Bibel-übertragung der Zeugen Jehovas (s) zur Hand nimmt, stößt hier und dort auf kleine Änderungen des Wortlauts, die dem Satz einen ganz andern Sinn geben. Renate Sprung, Gefängnis ohne Mauern (Schwabenverlag, 1977), führt aus, wie sie als frühere Zeugin Jehovas u. a. bei der Lektüre

solcher Stellen stutzig geworden ist. Sie entdeckte, wie in der Bibelaussage der Zeugen Jehovas die Ausdrücke ‚Eckstein' und ‚Vermittler' an verschiedenen Stellen der Apostelgeschichte mit ‚Haupteckstein' und ‚Hauptvermittler' wiedergegeben werden. ‚Wenn nun diese Schriftstellen', so schreibt Renate Sprung, ‚wie bei den Zeugen üblich ist, am Schluß eines Buchabschnittes aus dem Zusammenhang gerissen und nachgeschlagen werden, kann bei Bibelunkundigen der Eindruck entstehen, daß die Wachtturm-Gesellschaft . . . als Nebenvermittler bzw. Nebeneckstein durchaus ihre Berechtigung und Aufgabe in Gottes Vorhaben erfülle.'

Wie Jesus als Mittler zwischen Gott und den Menschen übergangen wird, zeigt die Neue-Welt-Übersetzung von Apostelgeschichte Kap. 2, Vers 21 ‚Und ein jeder, der den Namen Jehovas anruft, wird gerettet werden.' Im griechischen Urtext steht ‚Kyrios', Herr, nicht ‚Jehova', und aus dem Zusammenhang geht hervor, daß mit der hier zitierten Prophetie (aus dem Prophetenbuch Joel) Jesus gemeint ist."

Verteufelung der Andersdenkenden

Es gehört ziemlich seit Anbeginn zum System der Zeugen-Jehovas-Mission, Andersdenkende zu verteufeln. Vor allem die christlichen Kirchen, ihre Priester, Pfarrer, Prediger und Bischöfe haben dabei immer als Zielscheibe gedient.

So wurden die Kirchtürme als „Phallus-Symbole" beschimpft und in einem Lichtbildervortrag mit dem Titel „Eine nähere Betrachtung der Kirchen" wird das Kreuz, an dem Christus gestorben ist und das in den christlichen Kirchen seit apostolischer Zeit als Symbol für den Tod Jesu, für seine stellvertretende Heilstat gilt, folgendermaßen verunglimpft:

> „Genauso abstoßend ist es, irgendein Werkzeug zu verehren, an dem Christus angeblich gestorben ist. Und das besonders, wenn das Emblem so gestaltet ist, wie die schmutzigen Geschlechtssymbole der Heiden. Glauben Sie nicht, daß wenn wir uns mit Recht angewidert fühlen, Jehova Gott und Jesus Christus noch mehr so empfinden? Sie müssen sicher mit gerechter Empörung erfüllt sein, wenn Sie sehen, wie Millionen von Protestanten und Katholiken dieses heidnische Geschlechtsemblem als Symbol des Christentums verwenden."
> (Kreisdienervortrag, München 1972)

Dazu muß gesagt werden, daß die Bücher der Zeugen Jehovas noch unter Präsident Rutherford mit Kreuzbildern in Buntdruck geschmückt waren.

In dem Schrifttum der Zeugen Jehovas werden auch immer wieder die Geistlichen als Beispiele für Bosheit, Verworfenheit und schlimme Schandtaten herausgestellt.

In einem Artikel „Warum sie Terror verbreiten" (EW 22. 4. 76) werden die Geistlichen der Terrorbefürwortung beschuldigt:

> „Heinrich Albertz, ehemaliger Regierender Bürgermeister von Berlin, evangelischer Gemeindepfarrer und Mitglied der Kirchensynode, weist uns auf die Antwort hin. Gegen Ende 1974 gab er in einem Fernsehinterview zu: ‚Das Schlimme ist nur . . . , daß wir alle mitschuldig an dieser Entwicklung sind, denn es sind ja alles unsere Söhne und Töchter.' Seine Worte werden durch die Tatsache bekräftigt, daß einer der vier angeklagten Rädelsführer der berüchtigten Baader-Meinhof-Terrororganisation, der fünf Fälle von Mord und zahlreiche Fälle von versuchtem Mord, Bankraub, Brandstiftung, Bombenanschläge, Fälschung und schwerer Diebstahl angelastet werden, die Tochter eines protestantischen Geistlichen ist.
>
> Die meisten katholischen und evangelischen Geistlichen würden zwar nicht offen sagen, daß sie Gewalttat und Terror befürworten. Doch der Beitrag, den diese Geistlichen zum Terrorismus leisten, läßt sich weniger an ihren Worten als an ihren Taten ermessen."

Als „Beweis" für diese Unterstellungen werden die Ketzerverbrennungen des Mittelalters gebracht! Würde die Tatsache, daß einer der berüchtigtsten jugendlichen Mörder der Pfalz in den 50er Jahren aus einer Zeugen-Jehovas-Familie stammte, in einer Kirchenzeitung ähnlich herausgestellt, würden die Wachtturmführer von „übler Hetze" reden.

Dem einzelnen Zeugen Jehovas darf man solcher Verteufelungen wegen nicht böse sein. Er glaubt an seine Leitung und übernimmt auch deren Argumente und Behauptungen.

Vermutlich hat gerade diese Beschimpfung und Verteufelung Andersdenkender den Sinn, Jehovas Zeugen von der Umwelt zu isolieren, persönliche Kontakte zwischen Wachtturm-Gläubigen und Christen zu unterbinden, um auf diese Weise die Gruppe besser leiten zu können. Eine isolierte Gruppe wird um so fügsamer der Führung gehorchen, je stärker zwischen ihr und der Umwelt Haß und Ablehnung entwickelt sind.

Mit einem besonderen Schachzug versucht die Wachtturm-Gesellschaft immer wieder, sich eine Sonderstellung zu geben: Alle anderen religiösen Gruppierungen werden als „die Religion" zusammengefaßt und mit der „Hure Babylon" gleichgesetzt.

„Die Religion ist für so viel Schlechtes in bezug auf das Verhalten von Menschen und Nationen verantwortlich, daß sie es verdient, von einem Tag der Abrechnung heimgesucht zu werden. . . . der Ausgang wird furchteinflößend sein. Die Religion hat sich im Laufe der Menschheitsgeschichte als die am stärksten entzweiende Kraft auf Erden erwiesen" (WT 8/1979 S. 8 f.).

Tatsächlich sind Jehovas Zeugen um nichts weniger eine religiöse Gruppe, als die anglikanische Kirche oder die buddhistische Jodo-Shin-Shu-Sekte. Sie berufen sich auch, wo es ihnen abgestritten wird, nachhaltig auf Religionsfreiheit.

Tatsächlich ist gerade die religiöse Organisation der Wachtturm-Gesellschaft eine der Gruppen, die am stärksten auf Entzweiung drängt und deren Schriften gegenüber anderen vergleichbaren Gruppen am meisten Haß gegen andere erkennen lassen.

Was sollen und können wir tun?

Streitgespräche mit Zeugen Jehovas sind wenig sinnvoll. Es ist besser, den ungebetenen Gast zu einer Tasse Kaffee einzuladen. Man sollte ihm aber das Versprechen abnehmen, daß er nach einer begrenzten und festgesetzten Zeit auch seinem Gastgeber zuhört, wenn dieser über seine Kirche erzählt. Eine Einladung zum Gottesdienst sollte nie unterbleiben.

Schriften abzukaufen, rentiert sich nicht. Damit hat man dem Haustürmissionar keinen guten Dienst erwiesen. Er muß zu einem solchen „Menschen guten Willens" nämlich mehrfach wiederkommen. Das verlangen die Regeln seiner Gemeinschaft. Keinesfalls sollte man den Gast das Gebet sprechen lassen. Dies ist nämlich einerseits Sache des Gastgebers und bewahrt zum anderen davor, daß man „umgebetet" werden soll (daß etwa der Gast für die „Bekehrung" oder „Erleuchtung" des Gastgebers im Sinne von Jehovas Zeugen betet). Im allgemeinen dürfte ein solches Gebetsangebot erst nach mehrfachen Besuchen kommen. Man sollte den Vertreter der Neuen-Welt-Gesellschaft nicht mit dem Wort „Danke, ich habe schon einen Glauben" wegschicken. So kann man sich vor dem Kauf eines zweiten Staubsaugers schützen. Unseren Glauben haben wir sicher nicht nach Stück („einen Glauben"). Auch das etwas unbeholfene, meist aber gut gemeinte „Ich bleibe, was ich gelehrt bin" erzeugt bei dem Zeugen Jehovas (oder Mormonen oder sonstwem auch immer) häufig den falschen Eindruck, als traute man sich nicht an was Neues, sondern bleibe aus Bequemlichkeitsgründen bei dem „alten" Glauben.

Anschreien und Gewalttätigkeiten kommen glücklicherweise selten vor. Lautstärke ist niemals ein gutes Argument. Unbeholfene Haustürmissionare sind zwar hin und wieder von erstaunlicher Hartnäckigkeit, doch nur sehr selten stellt auch mal einer den Fuß zwischen die Tür. Das allerdings wäre Hausfriedensbruch. In solchen Fällen empfiehlt sich ein ruhiger Hinweis auf diesen Tatbestand. Im allgemeinen aber können wir etwa sagen: „Sie gehören zu Jehovas Zeugen? Nun, ich bin evangelischer Christ, liebe meine Kirche und meinen Glauben und möchte Sie gerne zu unserem Gottesdienst am Sonntag (oder zur Bibelstunde) einladen. Ich habe jetzt keine Zeit, mich mit Ihnen zu unterhalten" oder man kann anfügen: „Ich kann Ihnen gerne etwas über den evangelischen Glauben erzählen."

Es ist auch keine Schande, wenn man dem ungebetenen Besucher etwa höflich erklärt: „Ich möchte mich mit Ihnen nicht unterhalten, bedanke mich aber für die Mühe, die Sie sich mit Ihrem Besuch bei mir gemacht haben."

Vielleicht legt man sich das eine oder andere (meist beim Pfarramt erhältliche) Flugblatt hin, das man dem Zeugen Jehovas in die Hand drücken kann. Sind Kinder dabei, so könnte man ihnen ein freundliches Spruchkärtchen schenken.

Viel werden wir für diese Besucher nicht tun können. In unser Gebet können wir sie auf jeden Fall einschließen. Die da mit dem Wachtturm von Tür zu Tür gehen oder an den Straßen warten, sind ebenfalls von Christus zur Freiheit der Kinder Gottes berufen. Sie wissen es nur nicht. (Weitere Hinweise gibt das Heft „Sekten".)

Wohin kann ich mich wenden?

Ein Zeuge Jehovas, ein nach seinem Austritt nachträglich Rausgeworfener oder ein von den Haustürmissionaren der Sekte Besuchter kann sich an jedes Pfarramt wenden, um dort Rat und Hilfe zu bekommen. Nicht in jedem Falle wird der Geistliche gerade für diesen speziellen Vorgang sofort alle notwendigen Informationen parat haben. Supermänner gibt es – glücklicherweise – auch in den Kirchen nicht (worin sich die Kirchen ja auch von vielen Sekten unterscheiden). Der Geistliche wird aber vermutlich mit Schrifttum oder einer Kontaktadresse weiterhelfen können.

Es wäre gut, wenn es in jeder Gemeinde eines oder zwei Gemeindeglieder gäbe, die sich der Aufgabe einer speziellen Sektenberatung widmen könnten.

Als Adressen bieten sich aber vor allem folgende Dienste an:

1. Bruder-Dienst, Kremper Weg 38 b, 2210 Itzehoe (für Schriftenbezug). H.-J. Twisselmann, Florapromenade 32, 2200 Elmshorn, Tel. 0 41 21/ 54 51 (zur persönlichen Beratung).
Der Bruder-Dienst wurde von Pfarrer Hans-Jürgen Twisselmann gegründet, der einst selber Zeuge Jehovas gewesen war. Seine Schriften sind sehr gut und eignen sich vor allem zur Weitergabe an die Zeugen Jehovas. Beim Bruder-Dienst gibt es auch Kontaktadressen für viele Orte der Bundesrepublik (auch für Seelsorge an von Zeugen Jehovas bedrängten Gastarbeitern).
2. Kath. Informationsbüro Glaubensgemeinschaften, Sekretariat 7961 Haisterkirch, Tel. 0 75 24/67 12. Leiter des Werkes ist Günther Pape, geb. 1927, der eine Reihe sehr informativer Schriften über Jehovas Zeugen (aus eigenem Erleben) verfaßt hat.

Weitere Informationsstellen sind:

3. ,,Arbeitskreis Religiöse Gemeinschaften" der VELKD, c/o VELKD-Kirchenamt, OKR Dr. H. Reller, Postfach 51 04 09, 3000 Hannover 51. Der Arbeitskreis hat das – vor allem für die kirchlichen Mitarbeiter wichtige – ,,Handbuch religiöse Gemeinschaften" erarbeitet, das im Gütersloher Verlagshaus Gerd Mohn erschienen ist. 2. Auflage 1980.
4. Evang. Zentralstelle für Weltanschauungsfragen, Hölderlinplatz 2 A, 7000 Stuttgart-W, bietet kostenloses Informationsmaterial.

5. Arbeitsgemeinschaft für Religions- und Weltanschauungsfragen, Postfach 50 01 07, 8000 München 50, sammelt Informationen auch aus Nachlässen.

6. Die landeskirchlichen Beauftragten für Sekten- und Weltanschauungsfragen:

   Baden − Pfarrer K. M. Bender, Mainzer Str. 16, 7500 Karlsruhe 51

   Bayern − Pfarrer F.-W. Haack, Postfach 50 03 05, 8000 München 50

   Berlin − Pastor Thomas Gandow, Postfach 30 34 30, 1000 Berlin 30

   Hannover − Pastor J. Biallas, Archivstr. 3, 3000 Hannover 1

   Hessen und Nassau − Pfarrer B. Leinberger, Elisabethenstr. 51, 6100 Darmstadt

   Oldenburg − Pastor Eberhard Strecker, Kirchweg 1, Nordseebad Tossens, 2893 Butjadingen 3

   Pfalz − Pfarrer A. H. Kuby, Evang. Akademie, Gr. Himmelsgasse 6, 6720 Speyer

   Rheinland − Volksmissionarisches Amt Rheinland, Rochusstraße 44, 4000 Düsseldorf 30

   Nordelbische Evang.-Luth. Kirche − Pastor Detlef Bendrath, Brahmsstr. 20 f, 2400 Lübeck

   Westfalen − Pfarrer R. Hauth, Röhrchenstr. 10, 5810 Witten/Ruhr

   Württemberg − Pfarrer W. Schmidt, Ev. Oberkirchenrat, Postfach 92, 7000 Stuttgart 1

   In der Schweiz: ,,Evang. Orientierungsstelle", Pfarrer Dr. O. Eggenberger, Auf der Egg 9, CH-8038 Zürich

7. Beauftragter für Sekten- und Weltanschauungsfragen für die bayerischen Diözesen der römisch-katholischen Kirche: Dipl.-Theol. Hans Löffelmann, Maxburgstr. 5, 8000 München 2

8. Besonders gute Hilfe, vor allem für den eigenen Glauben, bietet der ,,Evangelische Erwachsenenkatechismus", Gütersloher Verlagshaus Gerd Mohn, 1980³. Er wird besonders empfohlen.

Zitierte Literatur

EW   – Erwachet!

WT   – Wachtturm

Singt   – Singt und spielt dabei Jehova in euren Herzen (Liederbuch), Wiesbaden 1969

Organisation – Organisation zum Predigen des Königreichs und zum Jüngermachen, Wiesbaden 1972

Predigtdienst – Zum Predigtdienst befähigt, Wiesbaden 1957

Veröffentlichungen in der MÜNCHENER REIHE zu Sekten- und Weltanschauungsfragen:

FRIEDR.-WILH. HAACK
Astrologie
Best.-Nr. 50 602 (3. Aufl.)

Jehovas Zeugen
Best.-Nr. 50 608 (11. Aufl.)

Spiritismus
Best.-Nr. 50 610 (3. Aufl.)

Mormonen
Best.-Nr. 50 611 (4. Aufl.)

Sekten (Doppelheft)
Best.-Nr. 50 612 (4. Aufl.)

die neuen jugend-religionen
(Doppelheft)
Best.-Nr. 50 613 (20. Aufl.)

die neuen jugend-religionen – teil 2
(Dreifachband)
Best.-Nr. 50 621 (5. Aufl.)

Ratschläge
zu Jugendreligionen, -bewegungen und Sekten
(Doppelheft)
Best.-Nr. 50 627 (4. Aufl.)

satan – teufel – lucifer
Best.-Nr. 50 615 (3. Aufl.)

Freimaurer
Best.-Nr. 50 616 (6. Aufl.)

Neuapostolische Kirche
Best.-Nr. 50 617 (3. Aufl.)

Transzendentale Meditation
Best.-Nr. 50 622 (5. Aufl.)

Parapsychologie
(Doppelheft)
Best.-Nr. 50 623 (3. Aufl.)

Aberglaube – Magie – Zauberei
Best.-Nr. 50 626 (2. Aufl.)

Die „Bhagwan"-Rajneesh-Bewegung
(Doppelheft) Best.-Nr. 50 634

WALTER SCHMIDT
Islam (Doppelheft)
Best.-Nr. 50 635

RÜDIGER HAUTH
Vereinigungskirche
Best.-Nr. 50 618 (6. Aufl.)

Die Kinder Gottes
Best.-Nr. 50 625 (5. Aufl.)

Adventisten
Best.-Nr. 50 632

MANFRED ACH
Anarchismus
(Doppelheft) Best.-Nr. 50 633

Stück	Einzelheft	Doppelheft	Dreifachband	Innerhalb der Preis-
1–10	DM 3,80	DM 5,50	DM 8,80	gruppe auch gemischt,
11–24	DM 3,60	DM 5,30	DM 8,50	zuzüglich Versand-
25–49	DM 3,30	DM 5,—	DM 8,10	kosten.
50–99	DM 3,—	DM 4,50	DM 7,50	Preisänderungen
ab 100	DM 2,70	DM 4,—	DM 6,80	vorbehalten.

FRIEDRICH-WILHELM HAACK
Lichtbildserie „die neuen jugendreligionen" 34 Farbdias mit Textkarten und Begleitheft in einer handlichen Mappe, Best.-Nr. 50 598 (2. Aufl.), Preis DM 72,–

Lichtbildserie „Sekten" 36 Farbdias mit Textkarten, Begleitheft und Text-Leseheft in einer handlichen Mappe, Best.-Nr. 50 595, Preis DM 78,–

Lichtbildserie „Chinesische Religiosität" 36 Farbdias mit Textkarten und Begleitheft in einer handlichen Mappe, Best.-Nr. 50 594, Preis DM 78,–

WULF METZ
Lichtbildserie „Buddhistische Frömmigkeit" 36 Farbdias mit Textkarten und Begleitheft in einer handlichen Mappe, Best.-Nr. 50 596, Preis DM 78,–

Transparentfolien für den Schulgebrauch:
die neuen jugendreligionen Best.-Nr. 50 599 (4. Aufl.), Preis DM 26,–
„Psychomutation" – erzwungene Persönlichkeitsverwandlung
Best.-Nr. 50 597 (2. Aufl.), Preis DM 26,–

FRIEDRICH-WILHELM HAACK – junge münchener reihe – Preis DM 2,–. Staffelpreise.
Verführte Sehnsucht – Die neuen Jugendreligionen. Best.-Nr. 50 501 (3. Aufl.)
Erkaufte Hoffnung – Die christlichen Sekten. Best.-Nr. 50 502

Münchner Texte und Analysen zur religiösen Situation:
DETLEF BENDRATH: **Ein Messias aus Korea?** – Best.-Nr. 50 201
FRIEDRICH-W. HAACK: **Jesus Christus und/oder San Myung Mun** – Best.-Nr. 50 202
Preis DM 2,80, Staffelpreise

Evangelischer Presseverband für Bayern
Abteilung Kleinschrifttum · Birkerstraße 22 · 8000 München 19